7급

기초 3 과정

해법 급수한자

천재교육
www.chunjae.co.kr

차례

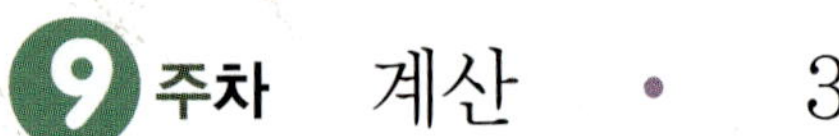

일(一)이 **일백** 개! **百** (일백 백)
사람 수가 **일천** 명! **千** (일천 천)
대나무로 숫자 **세기**! **算** (셈할 산)
막대기로 짐 **세기**! **數** (셈할 수)
문 앞에서 **물어** 본다! **問** (물을 문)
대나무 종이에 **대답하다**! **答** (대답할 답)
번갈아가며 **말씀**하신다! **語** (말씀 어)
뿌리가 보이지 **않는다**! **不** (아닐 불/부)

🌼 일정	🌼 쪽수	🌼 학습 내용
1일차	8~12	한 자씩(百, 千, 算, 數 익히기), 자신 있게(복습)
2일차	13~17	한 자씩(問, 答, 語, 不 익히기), 자신 있게(복습)
3일차	18~19	끝장내기(한자어 쓰기, 8주차 복습)
4일차	20~22	내것 만들기(실전 유형 문제 풀기)
5일차	23~24	한자 성어, 기억하기(百, 千, 算, 數, 問, 答, 語, 不 쓰기)

시끌시끌 시끌시끌

다음 시간은 무슨 과목 시간이지?
수학 시간!

호랑이 선생님 시간이구나.
휴…….

딩동댕동~

만화 속에 있는 한자를 주의 깊게
보도록 지도해 주세요.

오늘은
셈하는〔算〕
것을 배울 차례지?

숫자 셈하는〔數〕
거 너무 어려워.

걱정마! 내가
다 알려 줄게.

네~

거기 소곤소곤
두 명!!

선생님이 말씀〔語〕
하시는데 떠들다니!

이
녀석들!

예?

앞으로 나와 봐.

덧셈 문제를 하나
물어〔問〕보마!

네!

으아~

60에 40을 더하면
몇이 되는지
대답해 [答] 보렴.
答

백~
수학

아! 백(百)이구나!
百

꽤 잘 푸는구나.
한 문제 더!
허걱~

100 더하기 900…….
어렵다! 어떡하지?
100 + 900

흠……
모르겠다.
아무거나 써 보자.
그게 아니지〔不〕!
不
800
답은
천(千)이지!
千
1000
펑
마지막 문제를 못 풀었으니
복도에서 손들고 서 있어!
네…….

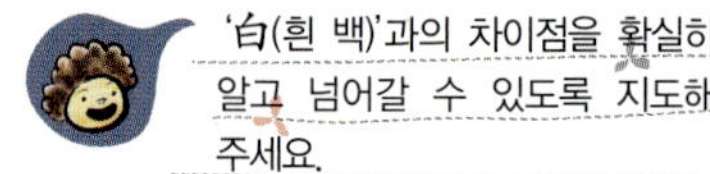

'白(흰 백)'과의 차이점을 확실히 알고 넘어갈 수 있도록 지도해 주세요.

일(一)이 **일백** 개! 百 (일백 백)

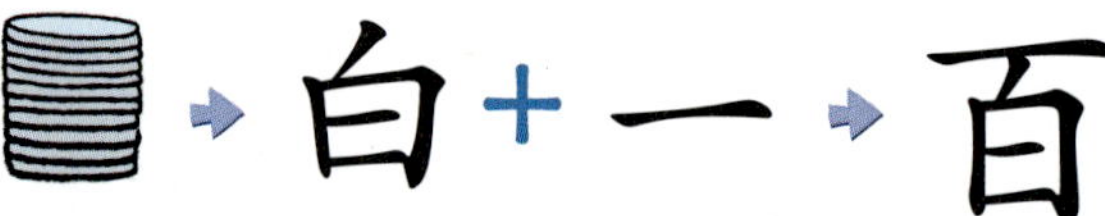

'百'은 많다는 뜻이 있는 백(白)에 하나(一)를 합한 글자로, '일백'을 뜻합니다.

필순에 따라 쓰며 확실하게 **외워 봐요**

一 一 一 丆 丙 百 百

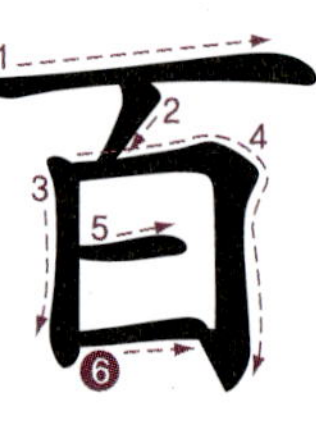

훈 일백 **음** 백

(白부, 총 6획)

百	百	百	百	百
일백 백	일백 백	일백 백	일백 백	일백 백
百	百	百	百	百
일백 백	일백 백	일백 백	일백 백	일백 백

어떻게 쓰일까?

- **백**방으로 산삼을 찾아다녔습니다.

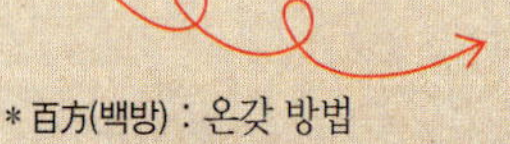

百

*百方(백방) : 온갖 방법

- 세종 대왕은 **백**성들을 위해 한글을 만드셨습니다.

百

*百姓(백성) : 일반 국민

漢字 돋보기

- '百(일백 백)'과 '白(흰 백)'

'白(흰 백)' 위에 하나를 뜻하는 '一(한 일)'이 붙으면 '百(일백 백)'!

예 百日(백일) 白旗(백기)

01 02 03 04 05

🌼 사람 수가 **일천** 명! 千 (일천 **천**)

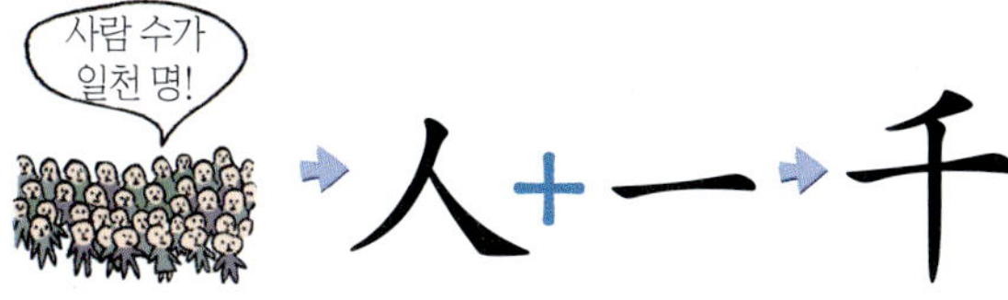

'千'은 사람(人)이 일(一)천 명 있다는 데서 '일천'을 뜻합니다.

어떻게 쓰일까?

- 축구 응원을 위해 **천**만 명이 모였습니다.

  千

  * 千萬(천만) : 만의 천 배가 되는 수

- 목숨은 **천**금과도 바꿀 수가 없을 만큼 소중합니다.

  千

  * 千金(천금) : 많은 돈

漢字 퀴즈

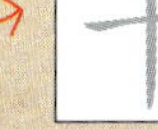
🎐 다음 〈보기〉에서 '十'보다 두 단위 큰 한자와 그 한자의 훈·음을 써 보세요.

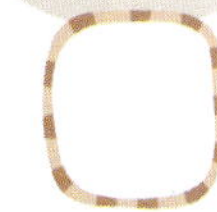
보기   一 < 十 < 百 < 千 < 萬

훈·음 _______

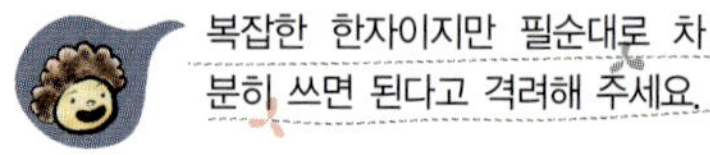

🌼 대나무로 숫자 세기! 算 (셈할 산)

 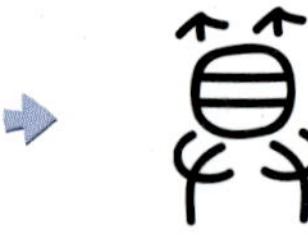 算 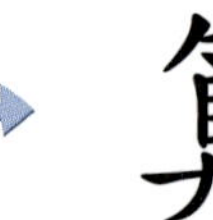

'算'은 숫자를 세는 대나무〔竹〕 가지를 갖추고〔具〕 수를 셈한다는 데서 '셈하다'를 뜻합니다.

필순에 따라 쓰며 확실하게 **외워 봐요**

` ノ ヒ ヒ ゲ ゲ ゲ ゲ 竹 筲 筲 筲 算`

算

훈 **셈할** 음 **산**

(竹부, 총 14획)

算	算	算	算	算
셈할 산	셈할 산	셈할 산	셈할 산	셈할 산
算	算	算	算	算
셈할 산	셈할 산	셈할 산	셈할 산	셈할 산

어떻게 쓰일까?

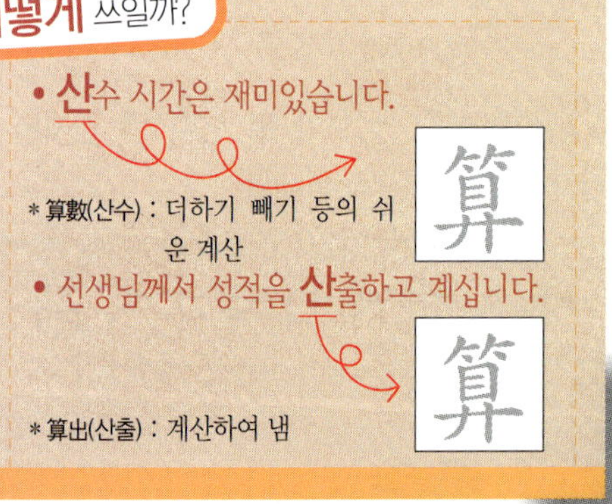

• **산수** 시간은 재미있습니다.

* 算數(산수) : 더하기 빼기 등의 쉬운 계산

算

• 선생님께서 성적을 **산**출하고 계십니다.

* 算出(산출) : 계산하여 냄

算

漢字 퀴즈

🔵 한자의 알맞은 훈·음을 찾아 선으로 이어 보세요

千 ·  · 일백 백

百 ·  · 셈할 산

算 ·   · 일천 천

'算(셈할 산)'과 數(셈할 수)'는 서로 훈이 같은 한자라고 알려 주세요.

🌼 막대기로 짐 세기! 數(셈할 수)

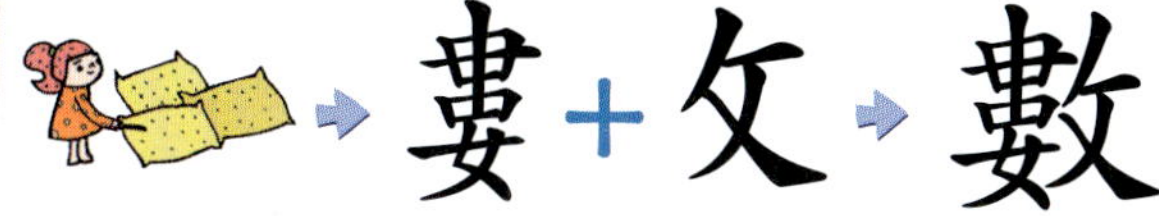

婁 + 攵 ➔ 數

'數'는 짐〔婁〕을 막대기〔攴=攵〕로 쳐가며 셈을 한다는 데서 '셈하다'를 뜻합니다.

` ＼ 冂 曰 甲 吕 吕 婁 婁 婁 婁 婁 數 數`

數

훈 셈할 음 수

(攴(攵)부, 총 15획)

數	數	數	數	數
셈할 수	셈할 수	셈할 수	셈할 수	셈할 수
數	數	數	數	數
셈할 수	셈할 수	셈할 수	셈할 수	셈할 수

어떻게 쓰일까?

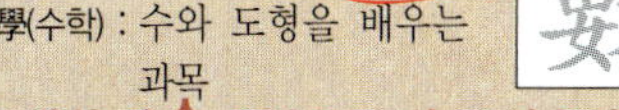

• 형은 **수**학을 잘 합니다.

*數學(수학) : 수와 도형을 배우는 과목

• 동생의 산**수** 공부를 도와 주었습니다.

*算數(산수) : 더하기 빼기 등의 쉬운 계산

漢字 퀴즈

'數'와 훈이 같은 한자를 찾아 ○해 보세요.

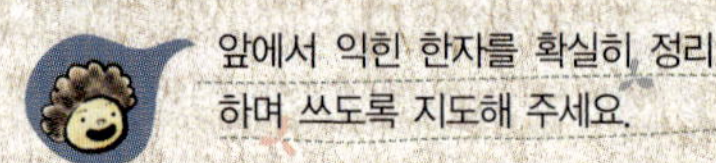

독음 또는 훈·음에 알맞은 한자를 찾아 빈 칸에 써 보세요.

百 算 數 千

百, 千, 算, 數 다시 한번 쓱쓱!

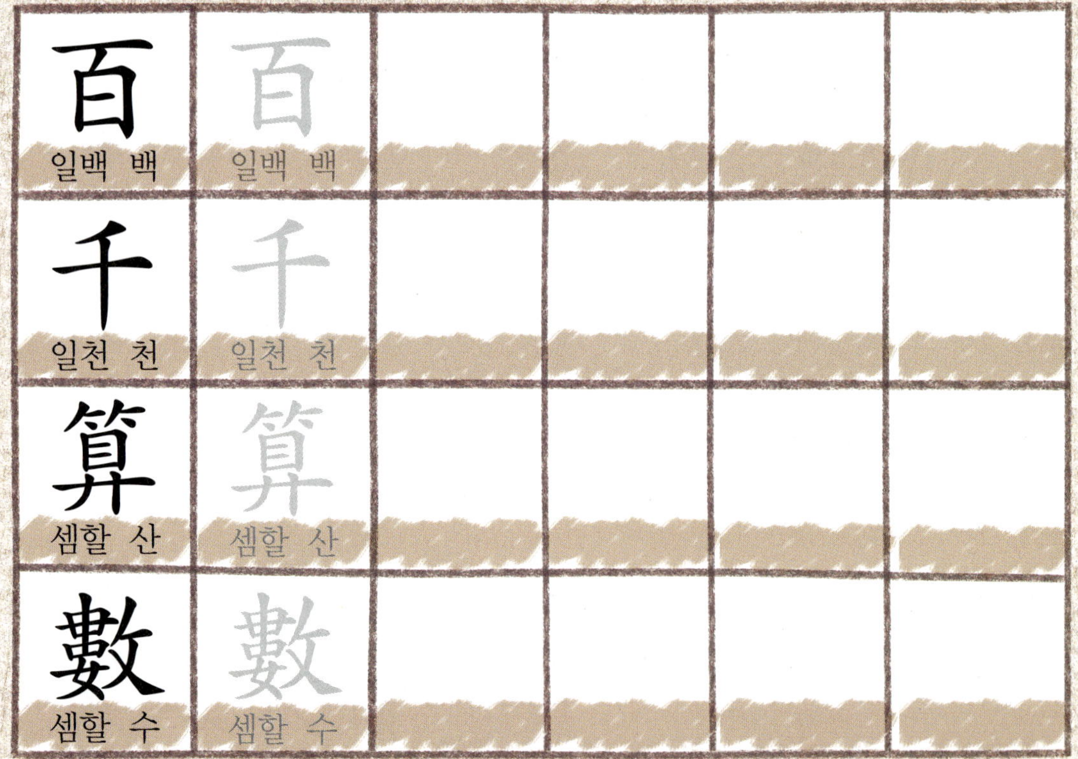

확인하기
百 일백 백 千 일천 천 算 셈할 산 數 셈할 수

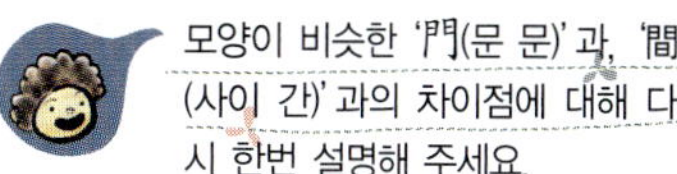

문 앞에서 **물어** 본다! 問(물을 문)

門 + 口 → 問

'問'은 문(門) 앞에서 입(口)으로 소리 내어 묻는다는 데서 '묻다'를 뜻합니다.

필순에 따라 쓰며 확실하게 **외워 봐요**

丨 冂 冂 冃 冃 門 門 門 門 問 問

問	問	問	問	問
물을 문	물을 문	물을 문	물을 문	물을 문
問	問	問	問	問
물을 문	물을 문	물을 문	물을 문	물을 문

問

훈 **물을** 음 **문**

(口부, 총 11획)

어떻게 쓰일까?

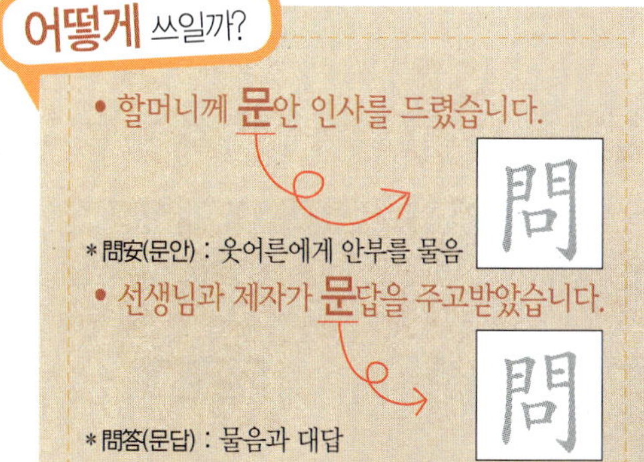

- 할머니께 **문**안 인사를 드렸습니다. → 問
- *問安(문안) : 웃어른에게 안부를 물음
- 선생님과 제자가 **문**답을 주고받았습니다. → 問
- *問答(문답) : 물음과 대답

漢字 퀴즈

두 한자의 다른 점을 찾아 ○하고, 각 한자의 알맞은 훈·음을 써 보세요.

 間    問

 훈·음    훈·음

대나무 종이에 **대답하다**! 答(대답할 답)

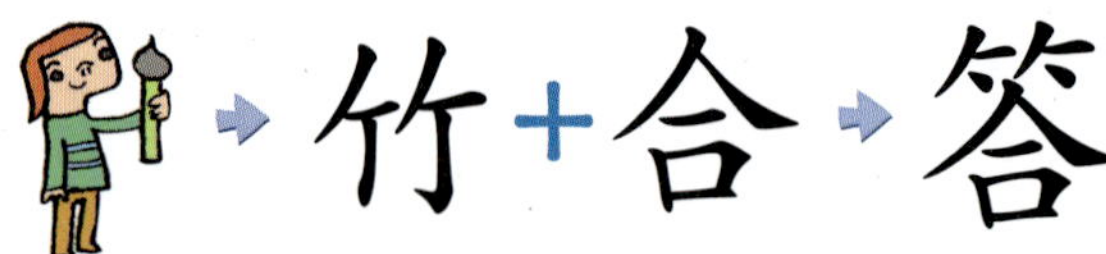

竹 + 合 ▶ 答

'答'은 대나무(竹) 종이에 써서 물음에 답해준다는 데서 '대답하다'를 뜻합니다.

필순에 따라 쓰며 확실하게 **외워 봐요**

答

훈 대답할 **음** 답

(竹부, 총 12획)

答	答	答	答	答
대답할 답	대답할 답	대답할 답	대답할 답	대답할 답
答	答	答	答	答
대답할 답	대답할 답	대답할 답	대답할 답	대답할 답

어떻게 쓰일까?

- 우리 팀이 먼저 정**답**을 맞췄습니다.

答

* 正答(정답) : 맞는 답

- 두 사람 사이에 문**답**이 오고 갔습니다.

答

* 問答(문답) : 물음과 대답

漢字 퀴즈

밑줄 친 단어에 알맞은 한자를 찾아 ○해 보세요.

동생의 질문에 내가 아는대로 정성껏 **대답해** 주었습니다.

🌼 번갈아가며 **말씀** 하신다! 語 (말씀 어)

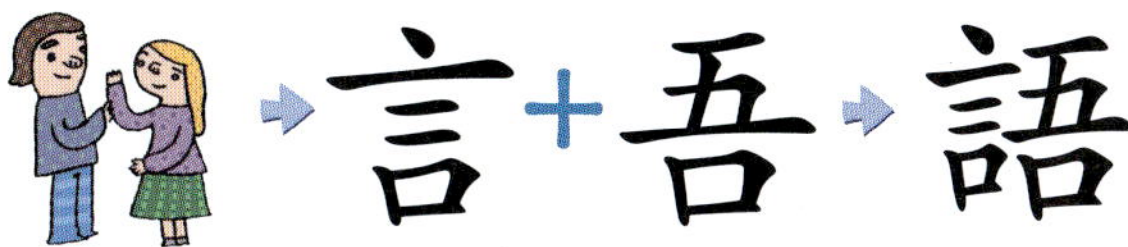

'語'는 나〔吾〕와 번갈아가며 말〔言〕한다는 데
서 '말씀'을 뜻합니다.

필순에 따라 쓰며
확실하게 **외워 봐요**

`丶 ㇐ 言 言 言 言 訓 訓 語 語 語 語`

훈 **말씀** 음 **어**

(言부, 총 14획)

語	語	語	語	語
말씀 어	말씀 어	말씀 어	말씀 어	말씀 어
語	語	語	語	語
말씀 어	말씀 어	말씀 어	말씀 어	말씀 어

어떻게 쓰일까?

• 나는 국**어** 시간이 제일 좋습니다.

語

*國語(국어) : 한 나라의 국민이 쓰는 말

• 내 동생은 **어**학에 소질이 있습니다.

語

*語學(어학) : 어떤 나라의 언어를 연
구하는 학문

漢字 **퀴즈**

• 밑줄 친 단어에 알맞은 한자를 찾아 ○하고,
훈·음을 써 보세요.

학생들은 선생님 <u>말씀</u>을 잘 들어야 합
니다.

語 答  훈·음 _______

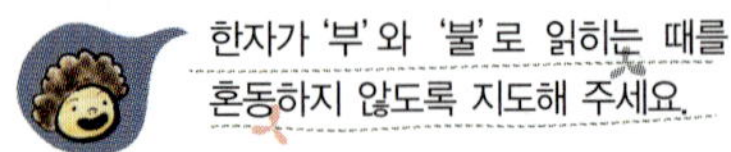

뿌리가 보이지 **않는다**! 不(아닐 불/부)

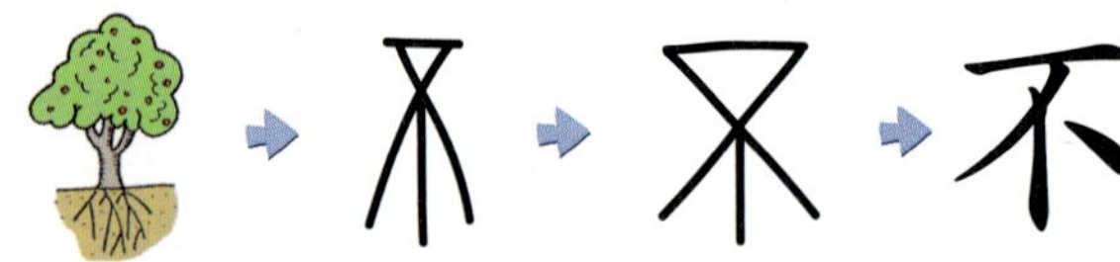

'不'은 나무뿌리의 모양을 나타낸 글자로, 뿌리가 보이지 않는다는 데서 '아니다'를 뜻합니다.

필순에 따라 쓰며 확실하게 **외워 봐요**

一 ア 不 不

不	不	不	不	不
아닐 불	아닐 부	아닐 불	아닐 부	아닐 불/부
不	不	不	不	不
아닐 불	아닐 부	아닐 불	아닐 부	아닐 불/부

훈 아닐 **음** 불/부

(一부, 총 4획)

어떻게 쓰일까?

- 다리를 다쳐 움직이기가 **불**편합니다.

不

* 不便(불편) : 편하지 않음

- **불**평을 하지 않는 어린이가 될 것입니다.

不

* 不平(불평) : 마음에 들지 않아 못마땅함

漢字  보기

두 가지 소리가 나는 '不'

'不' 뒤에 'ㄷ'이나 'ㅈ'으로 소리가 나는 글자가 오면 '부'로, 그 외에는 모두 '불'이라고 읽습니다.

예 不平(불평), 不足(부족)

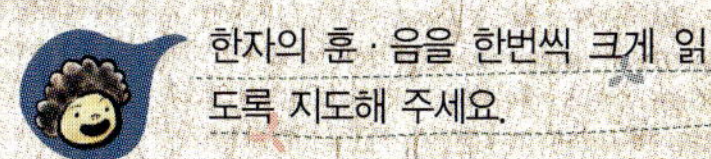

한자의 알맞은 훈·음을 찾아 선으로 이어 보세요.

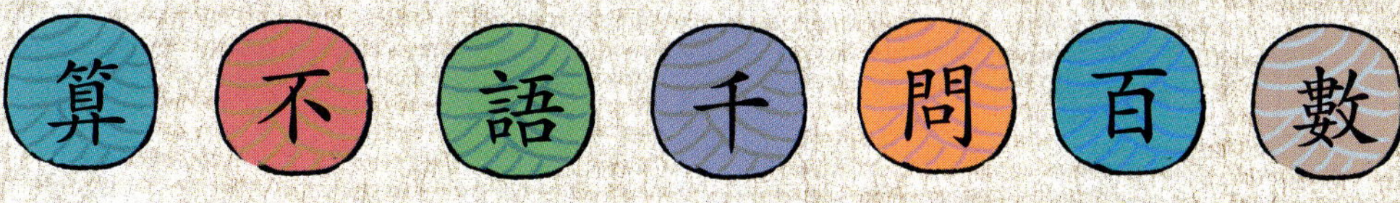

問, 答, 語, 不 다시 한번 쓱쓱!

問	問				
물을 문	물을 문				
答	答				
대답할 답	대답할 답				
語	語				
말씀 어	말씀 어				
不	不				
아닐 불/부	아닐 불/부				

확인하기

百 일백 백　千 일천 천　算 셈할 산　數 셈할 수　問 물을 문　答 대답할 답　語 말씀 어　不 아닐 불/부

끝장내기

한자어를 읽으면서 써 보세요.

百方(백방) : 여러 방면

百方	百方			
백 방	백 방			

算數(산수) : 더하기, 빼기, 곱셈, 나눗셈 등의 기초적인 수학

算數	算數			
산 수	산 수			

數學(수학) : 수와 도형을 배우는 과목

數學	數學			
수 학	수 학			

問答(문답) : 서로 묻고 대답하는 것

問答	問答			
문 답	문 답			

國語(국어) : 한 나라의 국민이 쓰는 말

國語	國語			
국 어	국 어			

不足(부족) : 필요한 양에 미치지 못함

不足	不足			
부 족	부 족			

千萬(천만) : 만의 천배가 되는 수

千萬	千萬			
천 만	천 만			

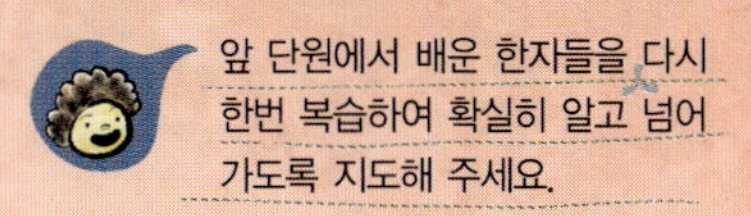

 **8주차 되새김** 8주차에서 배운 한자를 모두 기억하고 있나요?
문제를 풀며 확인해 보세요.

올바른 한자어를 찾아 선으로 이어 보세요.

 공기

 천지

 자연

 天地

 自然

 空氣

한자의 알맞은 훈·음을 찾아 ◯해 보세요.

| 川 | 내 전 |
| | 바다 해 |

| 江 | 땅 지 |
| | 강 강 |

| 世 | 인간 세 |
| | 하늘 천 |

| 海 | 바다 해 |
| | 스스로 자 |

| 自 | 기운 기 |
| | 스스로 자 |

| 空 | 빌 공 |
| | 그럴 연 |

 내 것만들기

1 다음 漢字(한자)의 訓(훈:뜻)과 音(음:소리)을 쓰세요.

> **보기**
>
> 金 ➤ 쇠 금

❶ 千 (   )   ❷ 不 (   )

❸ 百 (   )   ❹ 數 (   )

❺ 算 (   )   ❻ 問 (   )

❼ 答 (   )   ❽ 語 (   )

2 다음 漢字語(한자어)의 讀音(독음:읽는 소리)을 쓰세요.

> **보기**
>
> 自然 ➤ 자연

❶ 國語 (   )   ❷ 不足 (   )

❸ 算數 (   )   ❹ 數學 (   )

❺ 問答 (   )   ❻ 不平 (   )

❼ 千萬 (   )   ❽ 百方 (   )

❾ 空氣 (   )   ❿ 同數 (   )

⓫ 天地 (   )   ⓬ 自然 (   )

3 다음 訓(훈:뜻)과 音(음:소리)에 알맞은 漢字(한자)를 쓰세요.

> 보기
>
> 위상 ➜ 上

❶ 물을 문　（　　　　　）　❷ 일천 천　（　　　　　）

❸ 일백 백　（　　　　　）　❹ 셈할 산　（　　　　　）

❺ 셈할 수　（　　　　　）　❻ 말씀 어　（　　　　　）

❼ 아닐 불/부 （　　　　　）　❽ 대답할 답 （　　　　　）

4 다음 문장에서 밑줄 친 단어와 같은 뜻을 지닌 漢字(한자)를 〈보기〉에서 찾아 그 번호를 쓰세요.

> 보기
>
> ① 答　② 千　③ 百　④ 語　⑤ 不

❶ 이 가방은 내 것이 <u>아닙니다</u>.　（　　　　　）

❷ 종이학 <u>천</u>마리를 접었습니다.　（　　　　　）

❸ 길을 걷다가 <u>백</u> 원을 주웠습니다.　（　　　　　）

❹ 선생님의 질문에 나는 큰 소리로 <u>대답</u>했습니다.　（　　　　　）

❺ 부모님께서는 약속을 잘 지켜야 한다고 <u>말씀</u>하셨습니다.

（　　　　　）

5 다음 문장에서 밑줄 친 단어의 漢字語(한자어)를 〈보기〉에서 찾아 그 번호를 쓰세요.

보기

① 算數　② 問答　③ 國語　④ 數學

❶ 우리말인 <u>국어</u>를 사랑해야 합니다.　(　　　)

❷ <u>수학</u> 시험에서 100점을 맞았습니다.　(　　　)

6 다음 漢字(한자)의 상대 또는 반대 되는 漢字(한자)를 〈보기〉에서 찾아 그 번호를 쓰세요.

보기

① 數　② 答

❶ 問 ↔ (　　　)

7 다음 漢字語(한자어)의 뜻을 쓰세요.

❶ 國語 (　　　　　　　)

❷ 問答 (　　　　　　　)

8 問 ㉠

㉠ 획의 쓰는 순서를 아래에서 찾아 번호를 쓰세요.　(　　　)

① 다섯 번째　② 여섯 번째　③ 일곱 번째　④ 여덟 번째

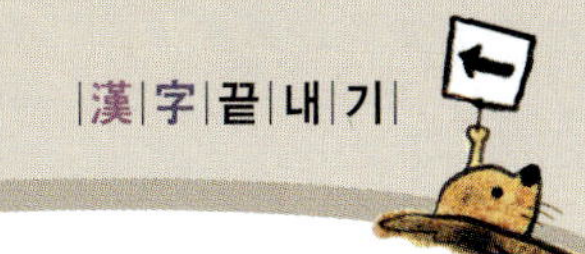

人 山 人 海 (인산인해)

사람 **인**　　메 **산**　　사람 **인**　　바다 **해**

'人山人海'는 사람〔人〕이 산〔山〕을 이루고, 사람〔人〕이 바다〔海〕를 이룬다는 뜻으로, '사람이 산과 바다를 이룰 정도로 많은 것'을 이르는 말입니다.

人山人海를 써 보세요.

한꺼번에 많은 한자를 쓰는 것을 힘들어하지 않도록 용기 북돋워 주세요.

이번 주에 배운 한자를 모두 써 보세요.

百	百					
일백 백	일백 백					

千	千					
일천 천	일천 천					

算	算					
셈할 산	셈할 산					

數	數					
셈할 수	셈할 수					

問	問					
물을 문	물을 문					

答	答					
대답할 답	대답할 답					

語	語					
말씀 어	말씀 어					

不	不					
아닐 불/부	아닐 불/부					

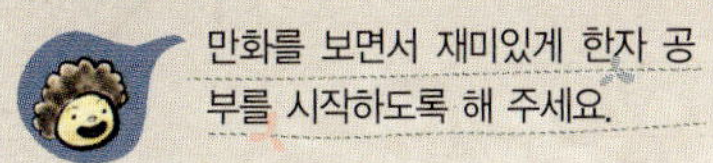

만화를 보면서 재미있게 한자 공
부를 시작하도록 해 주세요.

자, 너 먼저
올라가〔登〕.
무서워…….
登

선생님께서 보시기 전에
빨리 가야해.
알았어.

음~ 맛있겠다.
얼른 먹자〔食〕.
응.
천슈퍼
食

아~
배불러~
빨리 들어가자.
선생님한테 혼날 것
같아.
ANK
어린이보호

저기 병아리가 있네.
우리 구경하고 가자.
어? 잠깐만!

와, 병아리
정말 귀엽다.

낭궁 금수문 한자 7권

어? 그런데 이 병아리는 왜 이렇게 힘이 없지?

죽었나 봐!
아니야! 살아있어〔活〕.

이것 봐. 움직이잖아〔動〕.

우리가 이 병아리를 사 가자.
그래!

교문에 아무도 없네.
잘 됐다! 빨리 들어가자〔入〕.

정말 다행이다. 그렇지?
응!

너희들 이 쪽으로 오렴〔來〕.
來
도대체 청소 시간에 어디를 갔다 온 거야?
그게, 저기…… 그러니까…….
손에 든 병아리는 뭐니?
아! 운동장에 아픈 병아리가 있길래 저희가 데리고 왔어요!
흠…….
그래? 착한 일을 했으니 이번 한 번만 용서해 주마.
휴~ 다행이야.
우리 이 병아리가 닭이 될 때까지 잘 키우자.
그래.

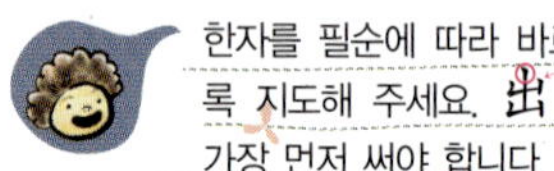

🌼 구덩이에서 **나오다**! 出(날 출)

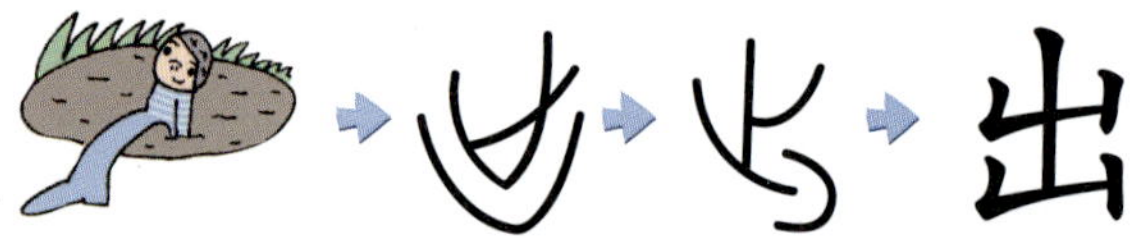

'出'은 움푹하게 패인 구덩이에서 발을 내미
는 모양을 나타낸 글자로, 구덩이에서 나온다
는 데서 '**나오다(나가다)**'를 뜻합니다.

필순에 따라 쓰며 확실하게 **외워 봐요**

ㅣ ㅛ ㅛ 出 出

出	出	出	出	出
날 출	날 출	날 출	날 출	날 출
出	出	出	出	出
날 출	날 출	날 출	날 출	날 출

훈 날 음 출
(�니부, 총 5획)

어떻게 쓰일까?

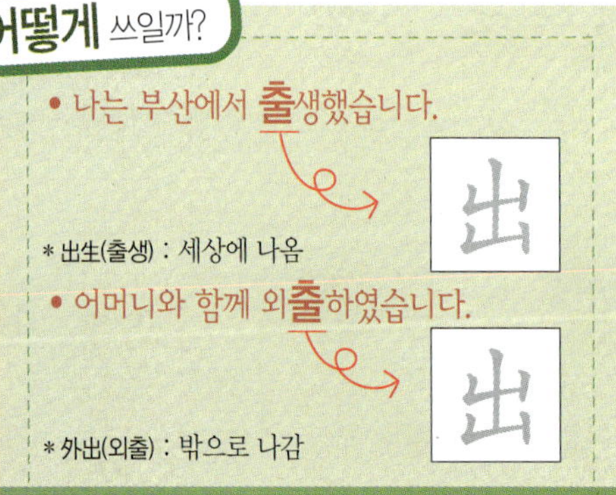

漢字 퀴즈

🌰 한자의 알맞은 독음을 빈 칸에 써 보세요.

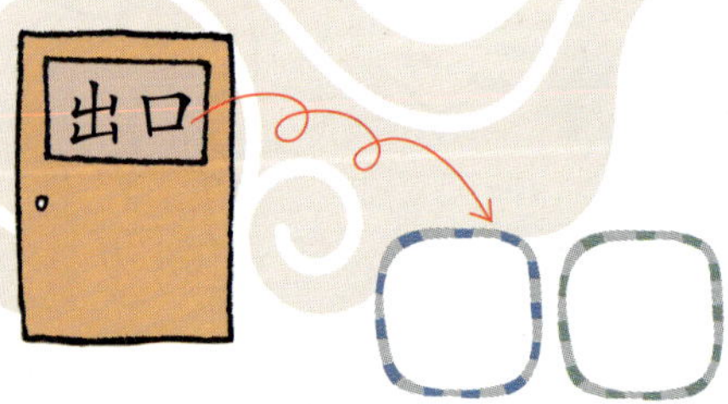

'入(들 입)'을 쓸 때, 人 이 획 보다 入 이 획이 올라와야 한다고 알려 주세요. 주의하지 않으면 '人(사람 인)'이 됩니다.

화살표 방향으로 **들어가라**! 入(들 입)

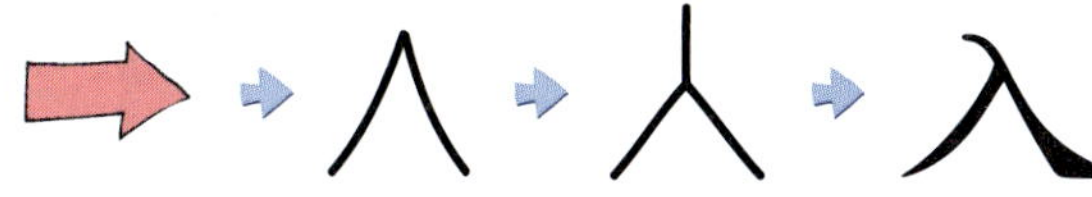

'入'은 방향을 가리키는 화살표의 모양을 나타낸 글자로, 들어가는 방향을 가리킨다는 데서 '들어가다'를 뜻합니다.

필순에 따라 쓰며 확실하게 **외워 봐요**

훈 들 **음** 입

(入부, 총 2획)

들입	들입	들입	들입	들입
들입	들입	들입	들입	들입

어떻게 쓰일까?

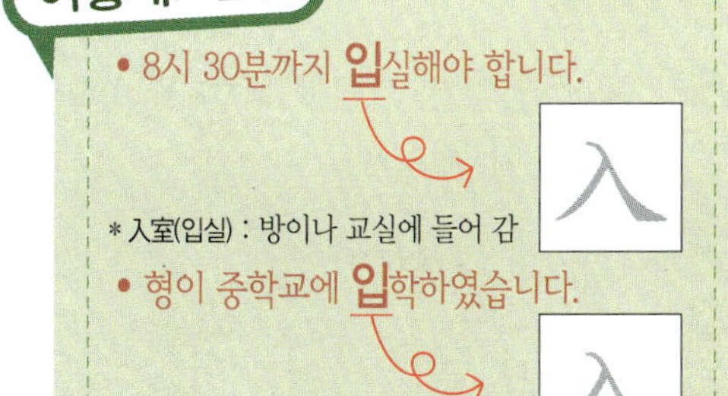

• 8시 30분까지 **입**실해야 합니다.

* 入室(입실) : 방이나 교실에 들어 감

• 형이 중학교에 **입**학하였습니다.

* 入學(입학) : 학교에 들어가 학생이 됨

漢字 돌보기

모양이 비슷한 한자!

들 입

사람 인

여덟 팔

入 (입)은 오른쪽 획이 위로

人 (인)은 왼쪽 획이 위로

八 (팔)은 두 획이 떨어져 있답니다.

침을 발라 **살아나다**! 活 (살 **활**)

氵 + 舌 ▶ 活

'活'은 상처를 입었을 때 동물들은 혀(舌)의 침(水=氵)을 바르면 나아진다는 데서 '살다'를 뜻합니다.

필순에 따라 쓰며 확실하게 **외워 봐요**

丶 丶 氵 氵 氵 汗 汗 活 活

活 / 훈 **살** 음 **활** / (水(氵)부, 총 9획)

活	活	活	活	活
살 활	살 활	살 활	살 활	살 활
活	活	活	活	活
살 활	살 활	살 활	살 활	살 활

어떻게 쓰일까?

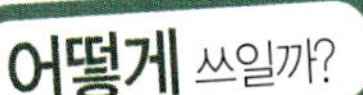

- 축구를 할 때면 **활**력이 넘칩니다. → 活
- *活力(활력) : 살아 움직이는 힘
- 다리를 다쳐서 **활**동하기 어렵습니다. → 活
- *活動(활동) : 몸을 움직여 행동함

漢字 퀴즈

'活'의 훈에 알맞은 그림을 찾아 ◯하고, 훈·음을 빈 칸에 써 보세요.

活 훈·음

9주차 되새김 9주차에서 배운 한자를 모두 기억하고 있나요?
문제를 풀며 확인해 보세요.

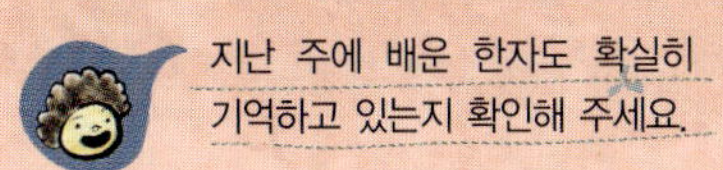 한자의 알맞은 훈·음을 빈 칸에 써 보세요.

百

答

算

問

千

數

不

語

시험 유형에 익숙해 질 수 있도록 끝까지 최선을 다해 풀도록 격려해 주세요.

1 다음 漢字(한자)의 訓(훈:뜻)과 音(음:소리)을 쓰세요.

보기

$$土 \Rightarrow 흙 토$$

❶ 來 (　　　　)　　　❷ 立 (　　　　)

❸ 活 (　　　　)　　　❹ 登 (　　　　)

❺ 出 (　　　　)　　　❻ 入 (　　　　)

❼ 動 (　　　　)　　　❽ 食 (　　　　)

2 다음 漢字語(한자어)의 讀音(독음:읽는 소리)을 쓰세요.

보기

$$孝道 \Rightarrow 효도$$

❶ 出入 (　　　)　　　❷ 來日 (　　　)

❸ 食水 (　　　)　　　❹ 活動 (　　　)

❺ 中立 (　　　)　　　❻ 出動 (　　　)

❼ 活力 (　　　)　　　❽ 入學 (　　　)

❾ 動物 (　　　)　　　❿ 國立 (　　　)

⓫ 問答 (　　　)　　　⓬ 登山 (　　　)

3 다음 訓(훈:뜻)과 音(음:소리)에 알맞은 漢字(한자)를 쓰세요.

아래 하 ➡ 下

❶ 들 입 （　　　　） 　❷ 설 립 （　　　　）

❸ 날 출 （　　　　） 　❹ 올 래 （　　　　）

❺ 살 활 （　　　　） 　❻ 먹을 식 （　　　　）

❼ 오를 등 （　　　　） 　❽ 움직일 동 （　　　　）

4 다음 문장에서 밑줄 친 단어와 같은 뜻을 지닌 漢字(한자)를 〈보기〉에서 찾아 그 번호를 쓰세요.

① 來　② 食　③ 動　④ 出　⑤ 登

❶ <u>움직이는</u> 로봇을 선물 받았습니다. （　　　　）

❷ 무거운 짐을 들고 언덕을 <u>올라갔습니다.</u> （　　　　）

❸ 내일은 할머니께서 우리 집에 <u>오십니다.</u> （　　　　）

❹ 상쾌한 기분으로 운동을 하러 <u>나왔습니다.</u> （　　　　）

❺ 오늘은 내 생일이라서 미역국을 <u>먹었습니다.</u> （　　　　）

5 다음 문장에서 밑줄 친 단어의 漢字語(한자어)를 〈보기〉에서 찾아 그 번호를 쓰세요.

> **보기**
>
> ① 出入　②入學　③ 外出　④ 活動

❶ <u>출입</u>문은 왼쪽으로 가면 있습니다.　（　　　）

❷ <u>활동</u>하기에 편한 옷을 입었습니다.　（　　　）

6 다음 漢字(한자)의 상대 또는 반대 되는 漢字(한자)를 〈보기〉에서 찾아 그 번호를 쓰세요.

> **보기**
>
> ① 活　②入

❶ 出 ↔ （　　　）

7 다음 漢字語(한자어)의 뜻을 쓰세요.

❶ 登山 （　　　　　　）

❷ 入學 （　　　　　　）

8 來

㉠ 획의 쓰는 순서를 아래에서 찾아 그 번호를 쓰세요. （　　　）

① 첫 번째　　② 두 번째　　③ 다섯 번째　　④ 여섯 번째

한자성어

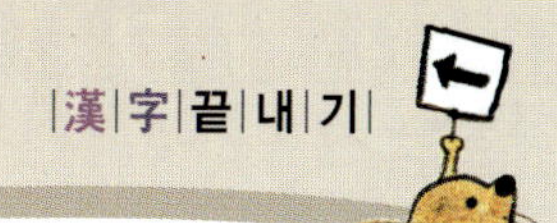

東 問 西 答 (동문서답)

동녘 **동**　물을 **문**　서녘 **서**　대답할 **답**

'東問西答'은 동쪽[東]을 묻는데[問] 서쪽[西]을 대답한다[答]는 뜻으로, '물어 보는 것과 전혀 상관 없는 엉뚱한 대답을 하는 것'을 이르는 말입니다.

東問西答 을 써 보세요.

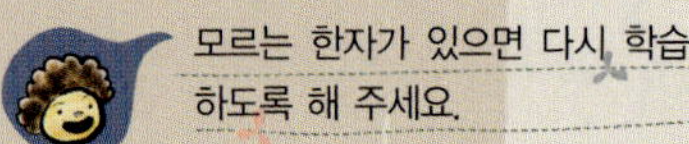
모르는 한자가 있으면 다시 학습
하도록 해 주세요.

이번 주에 배운 한자를 모두 써 보세요.

出	出					
날 출	날 출					

入	入					
들 입	들 입					

活	活					
살 활	살 활					

動	動					
움직일 동	움직일 동					

立	立					
설 립	설 립					

登	登					
오를 등	오를 등					

來	來					
올 래	올 래					

食	食					
먹을 식	먹을 식					

매양 비녀를 꽂고 있는 여자! 每 (매양 매)
기록하는 일을 하는 손! 事 (일 사)
전쟁에서 승리하는 것이 바른 일! 正 (바를 정)
열 사람이 지켜보니 곧은 일을 한다! 直 (곧을 직)
네 개는 너무 적다! 少 (적을 소)
무거운 자루를 등에 진 사람! 重 (무거울 중)
나무에 기대어 쉬는 사람! 休 (쉴 휴)
입을 벌려 큰 소리로 노래한다! 歌 (노래 가)

🌼 일정	🌼 쪽수	🌼 학습 내용
1일차	52~56	한 자씩(每, 事, 正, 直 익히기), 자신 있게(복습)
2일차	57~61	한 자씩(少, 重, 休, 歌 익히기), 자신 있게(복습)
3일차	62~63	끝장내기(한자어 쓰기, 10주차 복습)
4일차	64~66	내것 만들기(실전 유형 문제 풀기)
5일차	67~68	한자 성어, 기억하기(每, 事, 正, 直, 少, 重, 休, 歌 쓰기)

만화로 출발
신나는 물놀이

수업 끝났다~

아휴~ 더워.
우리 냇물에 가서 물놀이 하자.

좋아! 가자.
랄랄라~

와! 시원하다.
여기에 돌로 다리를 만들어 보면 어떨까?

좋은 생각이야. 다리가 있으면 옷을 적시지 않고 냇물을 건널 수 있겠다.

그런데 돌이 너무 적잖아 〔少〕.
걱정마. 저쪽에 아주 많이 있어.
少

한자를 필순에 맞게 쓰도록 지도
해 주세요. 가운데를 꿰뚫는 事
이 획은 마지막에 써야 합니다.

 기록하는 **일**을 하는 손! **事**(일 사)

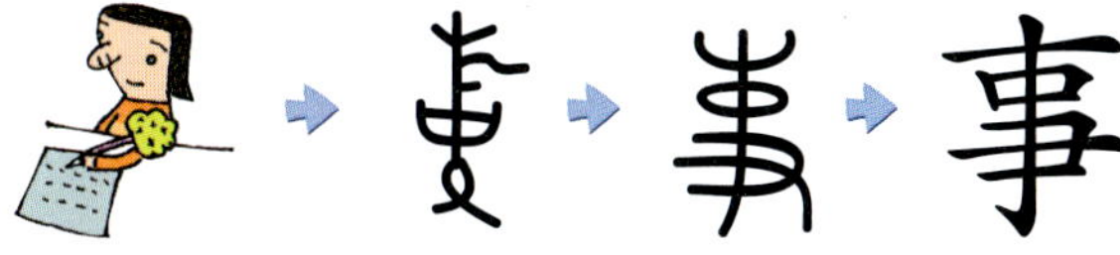

'事'는 장식 달린 붓을 손에 들고 있는 모양
을 나타낸 글자로, 기록하는 일을 한다는 데서
'일'을 뜻합니다.

필순에 따라 쓰며 확실하게 외워 봐요

一　丁　丆　写　写　写　写　事

事

훈 일 음 사

( ] 부, 총 8획)

事	事	事	事	事
일 사	일 사	일 사	일 사	일 사
事	事	事	事	事
일 사	일 사	일 사	일 사	일 사

어떻게 쓰일까?

• 매**사**에 최선을 다해야 합니다.

事

*每事(매사) : 하나하나의 모든 일

• 사진 속의 **사**물들이 살아 있는 것 같습니다.

事

*事物(사물) : 일과 물건을 모두 부
르는 말

漢字 퀴즈

'事'와 음이 같은 한자를 찾아 ○해 보세요.

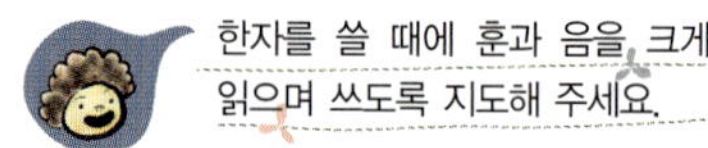

전쟁에서 승리하는 것이 **바른** 일! 正 (바를 정)

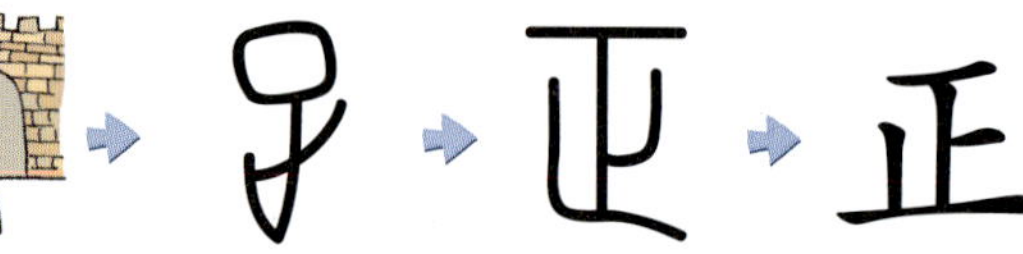

'正'은 발을 디뎌 적의 성 안으로 들어가 적을
물리친 바른 일을 했다는 데서 '바르다'를 뜻
합니다.

필순에 따라 쓰며
확실하게 **외워 봐요**

正

훈 바를 음 정

(止부, 총 5획)

一 丁 下 正 正

어떻게 쓰일까?

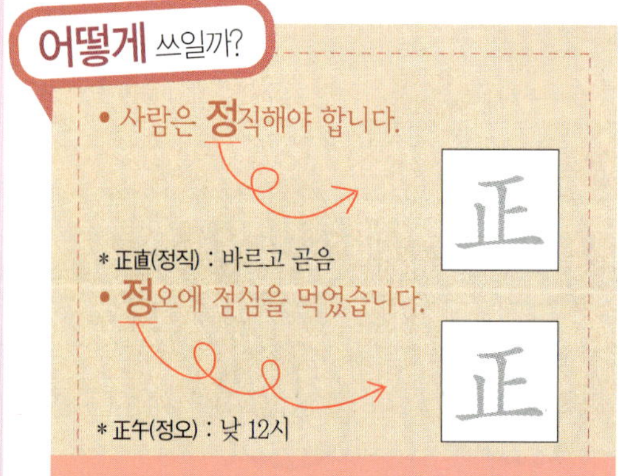

• 사람은 **정**직해야 합니다.

正

* 正直(정직) : 바르고 곧음

• **정**오에 점심을 먹었습니다.

正

* 正午(정오) : 낮 12시

漢字 퀴즈

'正'의 훈에 알맞은 그림을 찾아 ○하고, 빈 칸
에 훈·음을 써 보세요.

正   훈·음

01 02 03 04 05

直 이 한자를 '日(날 일)'로 쓰지 않도록 주의시켜 주세요. '目(눈 목)'으로 써야 합니다.

열 사람이 지켜보니 **곧은** 일을 한다! 直(곧을 직)

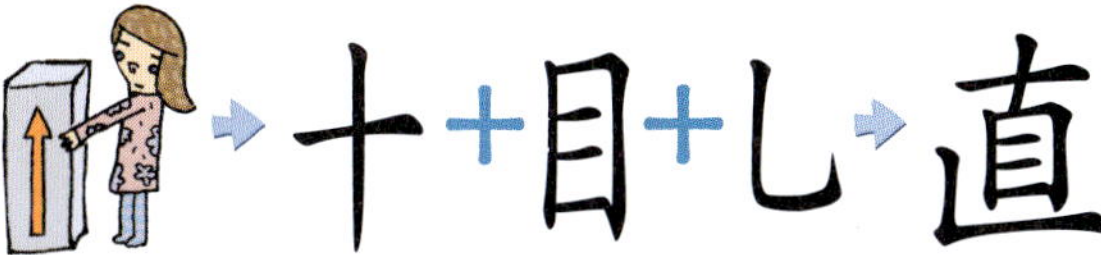

'直'은 열〔十〕 사람의 눈〔目〕이 지켜 보니 곧은 일을 할 수 밖에 없다는 것을 나타낸 글자로, '곧다'를 뜻합니다.

필순에 따라 쓰며 확실하게 **외워 봐요**

一 十 十 古 古 directory 直

직
훈 곧을 음 직
(目부, 총 8획)

直 곧을 직 / 直 곧을 직 / 直 곧을 직 / 直 곧을 직 / 直 곧을 직

直 곧을 직 / 直 곧을 직 / 直 곧을 직 / 直 곧을 직 / 直 곧을 직

곧을 / 곧을 / 곧을 / 곧을 / 곧을

어떻게 쓰일까?

- 쭉 뻗은 **직**선 도로를 달렸습니다.

  直

  *直線(직선) : 굽은 곳이 없는 선
- 밥을 먹기 **직**전에 손을 씻었습니다.

  直

  *直前(직전) : 일이 일어나기 바로 전

漢字 퀴즈

'直'의 훈에 알맞은 선을 찾아 ○하고, 빈 칸에 훈·음을 써 보세요.

直

훈·음

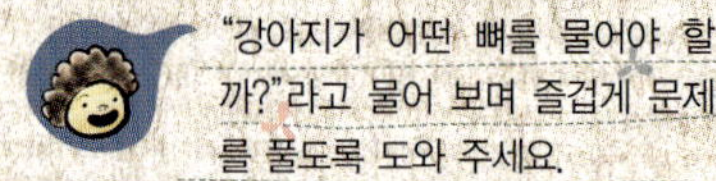

훈·음에 알맞은 한자를 찾아 선으로 이어 보세요.

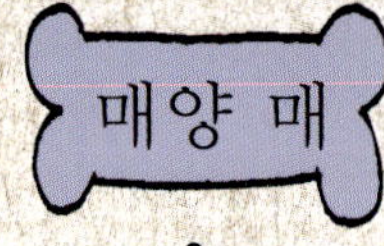

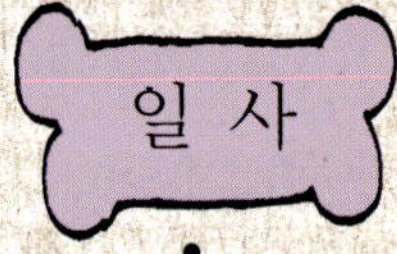

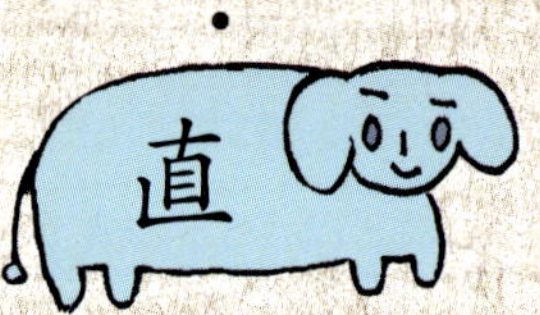

每, 事, 正, 直 다시 한번 쓱쓱!

每 매양 매	每 매양 매				
事 일 사	事 일 사				
正 바를 정	正 바를 정				
直 곧을 직	直 곧을 직				

확인하기
每매양 매 事일 사 正바를 정 直곧을 직

'小(작을 소)'와 '少(적을 소)'의 차이점을 아래 한자 돋보기를 참고해서 설명해 주세요.

네 개는 너무 **적다**! 少(적을 소)

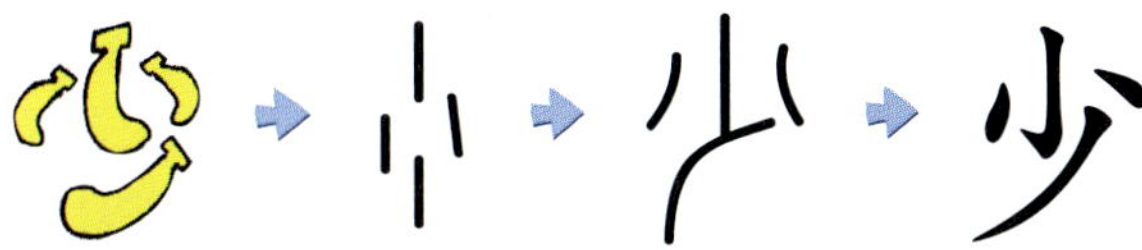

'少'는 작은 물건 네 개가 모여 있는 모양을 나타낸 글자로, '적다'를 뜻합니다.

필순에 따라 쓰며 확실하게 **외워 봐요**

丿 小 小 少

少	少	少	少	少
적을 소	적을 소	적을 소	적을 소	적을 소
少	少	少	少	少
적을 소	적을 소	적을 소	적을 소	적을

훈 적을 **음** 소

(小부, 총 4획)

어떻게 쓰일까?

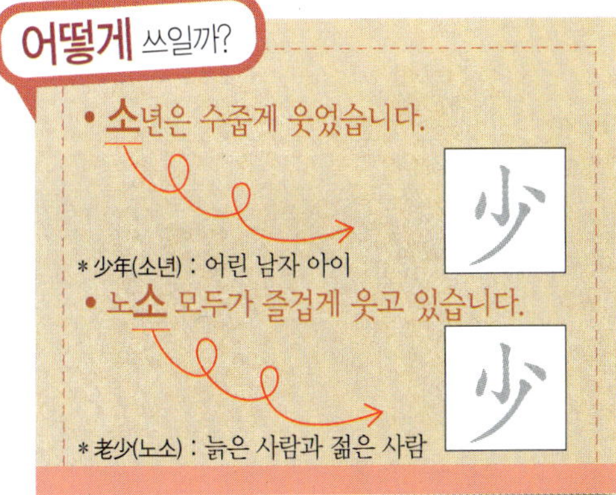

漢字 돋보기

'小(작을 소)'와 '少(적을 소)'

小(작을 소)와 少(적을 소)는 모양과 훈이 비슷해 보이지만 나타내는 뜻이 다른 한자입니다. 주의해 주세요.

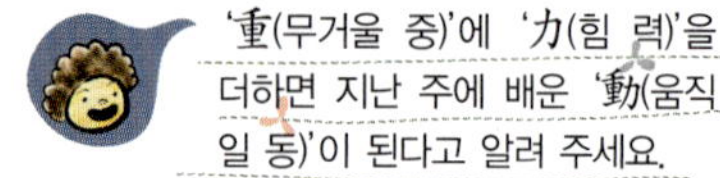

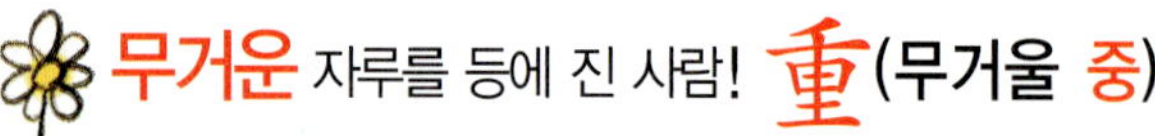

🌼 **무거운** 자루를 등에 진 사람! 重(무거울 중)

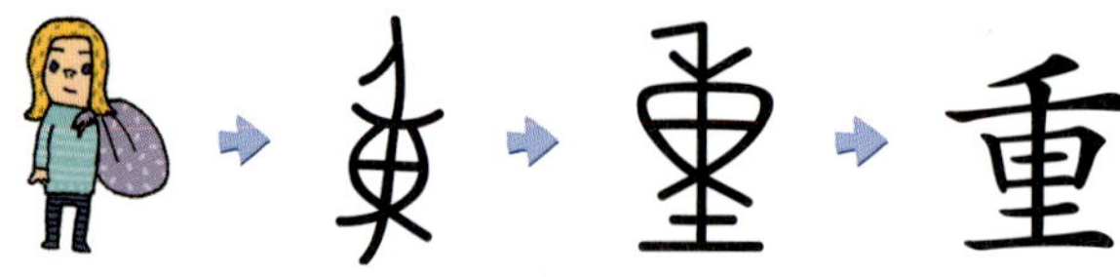

'重'은 무거운 자루를 등에 진 사람의 모양을 나타낸 글자로, '무겁다'를 뜻합니다.

필순에 따라 쓰며 확실하게 **외워 봐요**

重

훈 무거울 음 중

(里부, 총 9획)

重	重	重	重	重
무거울 중	무거울 중	무거울 중	무거울 중	무거울 중
重	重	重	重	重
무거울 중	무거울 중	무거울 중	무거울 중	무거울 중

어떻게 쓰일까?

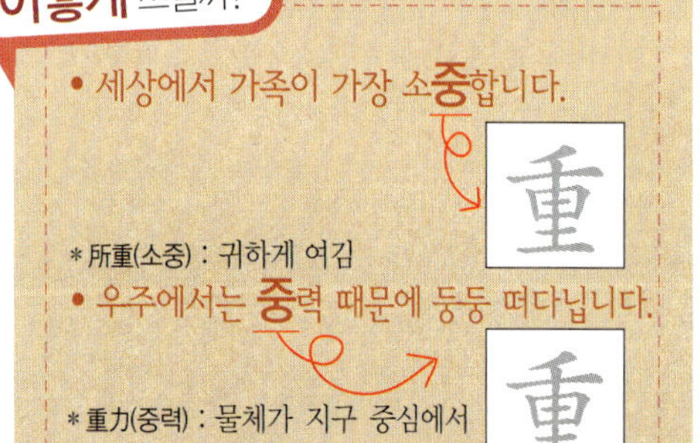

- 세상에서 가족이 가장 소**중**합니다.

  重

  *所重(소중) : 귀하게 여김
- 우주에서는 **중**력 때문에 둥둥 떠다닙니다.

  重

  *重力(중력) : 물체가 지구 중심에서 받는 힘

漢字 퀴즈

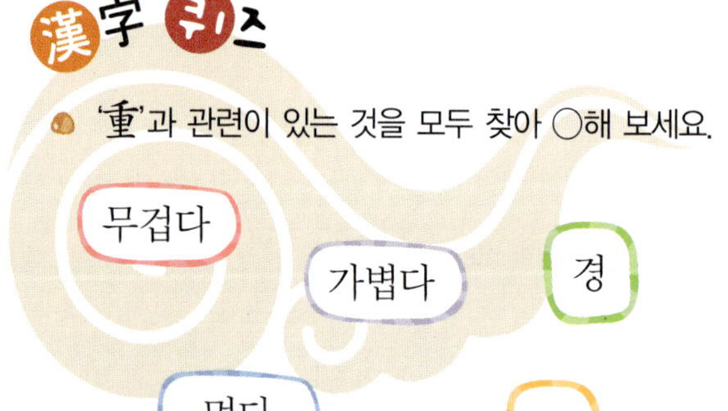

🔵 '重'과 관련이 있는 것을 모두 찾아 ◯해 보세요.

나무에 기대어 **쉬는** 사람! 休(쉴 휴)

'休'는 사람[人 = 亻]이 나무[木]에 기대어 쉬
는 모양을 나타낸 글자로, '쉬다'를 뜻합니다.

필순에 따라 쓰며
확실하게 **외워 봐요**

ノ 亻 亻 什 仕 休

休 休 休 休 休
쉴 휴 쉴 휴 쉴 휴 쉴 휴 쉴 휴
休 休 休 休 休
쉴 휴 쉴 휴 쉴 휴 쉴 휴 쉴 휴

훈 **쉴** 음 **휴**

(人(亻)부, 총 6획)

어떻게 쓰일까?

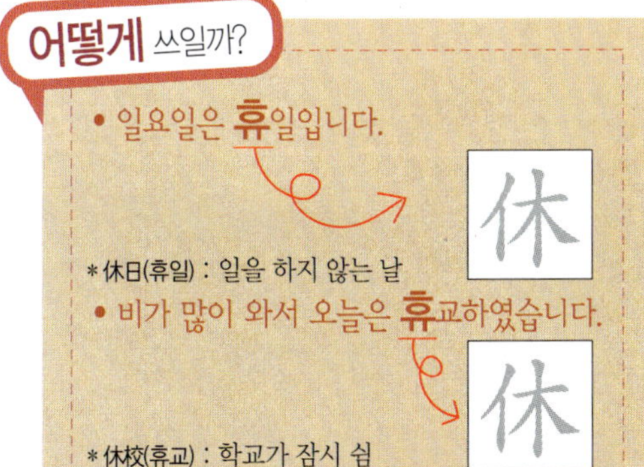

다음 단어들에 공통으로 들어가는 글자에 ○하
고, 그 글자에 알맞은 한자와 훈·음을 써 보세요.

휴가   휴일   휴식

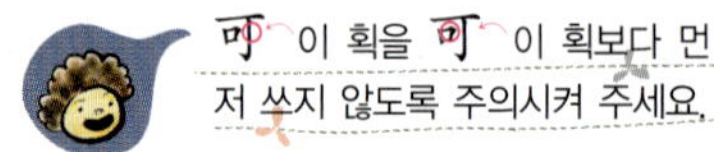

입을 벌려 큰 소리로 **노래**한다! 歌(노래 가)

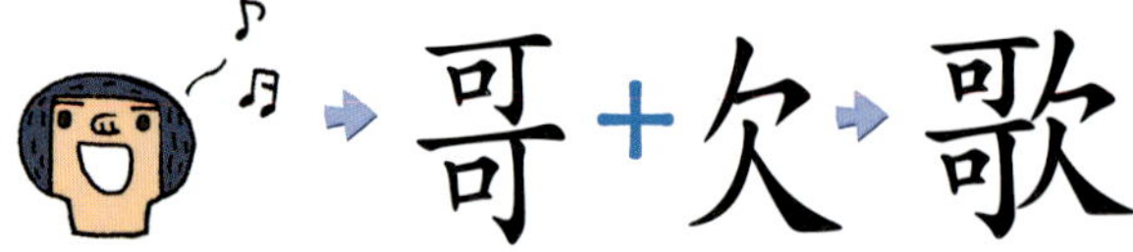

'歌'는 입을 벌려 큰 소리로 노래를 부르는 모양을 나타내 글자로, '노래'를 뜻합니다.

필순에 따라 쓰며 확실하게 **외워 봐요**

一 丁 可 可 哥 哥 哥 歌 歌 歌

훈 노래 **음** 가

(欠부, 총 14획)

歌	歌	歌	歌	歌
노래 가	노래 가	노래 가	노래 가	노래 가
歌	歌	歌	歌	歌
노래 가	노래 가	노래 가	노래 가	노래 가

어떻게 쓰일까?

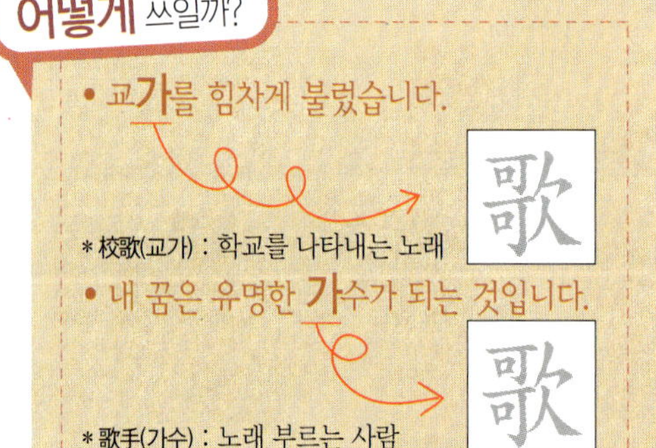

- 교**가**를 힘차게 불렀습니다.

歌

* 校歌(교가) : 학교를 나타내는 노래

- 내 꿈은 유명한 **가**수가 되는 것입니다.

歌

* 歌手(가수) : 노래 부르는 사람

漢字 퀴즈

한자의 알맞은 훈·음을 찾아 선으로 이어 보세요.

歌 ·   · 일 사

直 ·   · 곧을 직

事 ·   · 노래 가

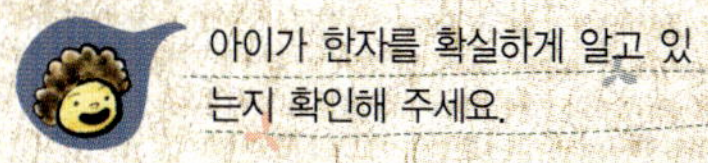

아이가 한자를 확실하게 알고 있는지 확인해 주세요.

한자의 알맞은 훈·음을 찾아 ○해 보세요.

少	적을 소 / 매양 매	直	바를 정 / 곧을 직
重	일 사 / 무거울 중	休	쉴 휴 / 적을 소
正	바를 정 / 곧을 직	每	노래 가 / 매양 매
歌	쉴 휴 / 노래 가	事	일 사 / 무거울 중

少, 重, 休, 歌 다시 한번 쓱쓱!

少	少				
적을 소	적을 소				
重	重				
무거울 중	무거울 중				
休	休				
쉴 휴	쉴 휴				
歌	歌				
노래 가	노래 가				

확인하기

每 매양 매 事 일 사 正 바를 정 直 곧을 직 少 적을 소 重 무거울 중 休 쉴 휴 歌 노래 가

시험에 자주 출제되는 한자어입니다. 한자어의 뜻도 꼭 알고 쓰도록 지도해 주세요.

🥬 한자어를 읽으면서 써 보세요.

每年(매년) : 해마다, 매 해

每年	每年			
매 년	매 년			

每事(매사) : 하나하나의 모든 일

每事	每事			
매 사	매 사			

正直(정직) : 바르고 곧음

正直	正直			
정 직	정 직			

老少(노소) : 늙은 사람과 젊은 사람

老少	老少			
노 소	노 소			

休校(휴교) : 학교가 잠시 쉼

休校	休校			
휴 교	휴 교			

所重(소중) : (물건이나 사람을)귀하게 여김

所重	所重			
소 중	소 중			

校歌(교가) : 학교를 나타내는 노래

校歌	校歌			
교 가	교 가			

3 다음 訓(훈:뜻)과 音(음:소리)에 알맞은 漢字(한자)를 쓰세요.

<보기>

가운데 중 ➡ 中

❶ 쉴 휴　（　　　　）　　❷ 일 사　（　　　　　　）

❸ 곧을 직（　　　　）　　❹ 노래 가　（　　　　　　）

❺ 적을 소（　　　　）　　❻ 매양 매　（　　　　　　）

❼ 바를 정（　　　　）　　❽ 무거울 중（　　　　）

4 다음 문장에서 밑줄 친 단어와 같은 뜻을 지닌 漢字(한자)를 <보기>에서 찾아 그 번호를 쓰세요.

<보기>

① 重　② 每　③ 正　④ 歌　⑤ 休

❶ 쉬는 시간마다 물을 마십니다.　　　　　　（　　　　　）

❷ 아침에는 매양 우유를 마십니다.　　　　　（　　　　　）

❸ 우리 반에서 내가 제일 노래를 잘 부릅니다. （　　　　　）

❹ 아버지께서는 항상 예의 바른 사람이 되라고 말씀하십니다.
　　　　　　　　　　　　　　　　　　　　（　　　　　）

❺ 무거운 짐을 들고 가시는 할머니를 도와 드렸습니다.
　　　　　　　　　　　　　　　　　　　　（　　　　　）

내 것 만들기

5 다음 문장에서 밑줄 친 단어의 漢字語(한자어)를 〈보기〉에서 찾아 그 번호를 쓰세요.

> 보기
>
> ① 正直　　② 每年　　③ 校歌　　④ 老少

❶ <u>교가</u>를 힘차게 불렀습니다.　　　　　　　(　　　　　)

❷ <u>매년</u> 식목일에는 나무를 심습니다.　　　(　　　　　)

❸ 부모님은 항상 <u>정직</u>해야 한다고 말씀하십니다.

　　　　　　　　　　　　　　　　　　　　　　(　　　　　)

❹ 이 운동은 남녀<u>노소</u> 모두 즐길 수 있는 운동입니다.

　　　　　　　　　　　　　　　　　　　　　　(　　　　　)

6 다음 漢字語(한자어)의 뜻을 쓰세요.

❶ 正直　　　　(　　　　　　　　　　)

❷ 歌手　　　　(　　　　　　　　　　)

❸ 男女老少　(　　　　　　　　　　)

7 正㉠

㉠ 획의 쓰는 순서를 아래에서 찾아 그 번호를 쓰세요. (　　　　　)

① 두 번째　　② 세 번째　　③ 네 번째　　④ 다섯 번째

아빠, 제 이름은 한자로 어떻게 쓰는 거예요?
우리 강산이가 한자 공부를 하더니 그런 걸 다 묻고 대견하구나. 종이〔紙〕를 가지고 오렴. 아빠가 써 줄게.
紙
성〔姓〕은 이렇게, 이름〔名〕은 이렇게 쓰는 거란다.
姓 名
金 江山
네, 고맙습니다.
아! 그렇다면…….
강산아, 마당에서 한자 사전 들고 뭐 하고 있는 거니?
우리 똘똘이도 한자로 이름 지어 주려고요.
아이쿠!

 한**자**씩 ① 02 03 04 05

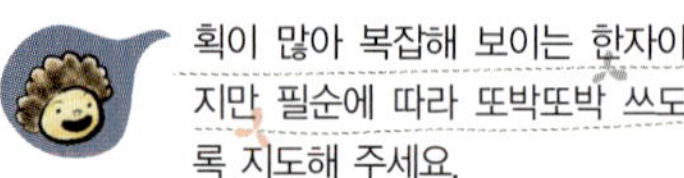

진흙이 많은 강에 세워진 **한나라**! 漢(한나라 **한**)

氵 + 堇 → 漢

'漢'은 한나라가 진흙[堇]이 많은 강[水 = 氵]의 상류에 세워진 것을 나타낸 글자로, '한나라'를 뜻합니다.

氵 氵 氵 沪 泸 泸 沪 淳 漢 漢 漢 漢

漢

훈 한나라 음 한

(水(氵)부, 총 14획)

漢	漢	漢	漢	漢
한나라 한	한나라 한	한나라 한	한나라 한	한나라 한
漢	漢	漢	漢	漢
한나라 한	한나라 한	한나라 한	한나라 한	한나라 한

• **한**강에서 유람선을 탔습니다.

漢

*漢江(한강) : 우리 나라 중부 지방을 흐르는 강

• 방학 동안 **한**문 수업을 들었습니다.

漢

*漢文(한문) : 한자로 쓰여진 글

다음 글자들은 훈이 다르고 음이 같은 한자들 입니다. 알맞은 음을 빈 칸에 써 보세요.

漢 ··· ☐ ··· 韓

01 02 03 04 05

 아이가 집 안에서 **글자** 배우기! **字**(글자 자)

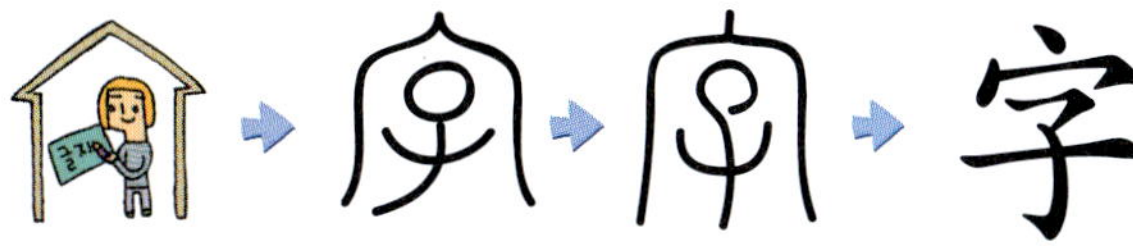

'字'는 집〔宀〕에서 아이〔子〕들이 부모에게 글자를 처음 배우기 시작한다는 것을 나타낸 글자로, '글자'를 뜻합니다.

필순에 따라 쓰며 확실하게 **외워 봐요**

`丶 丶 宀 宀 字 字`

字

훈 글자 음 자

(子부, 총 6획)

字	字	字	字	字
글자 자	글자 자	글자 자	글자 자	글자 자
字	字	字	字	字
글자 자	글자 자	글자 자	글자 자	글자 자

 **어떻게** 쓰일까?

- 방학동안 천**자**문을 공부했습니다. 

  字

  * 千字文(천자문) : 한문을 처음 배우는
    사람이 쓰는 책

- 할아버지께 한**자**를 배우고 있습니다.

  字

  * 漢字(한자) : 중국에서 만들어진 글자

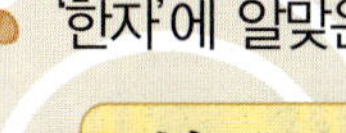 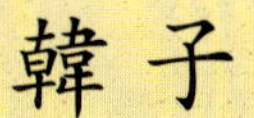 漢字 퀴즈

'한자'에 알맞은 한자어를 찾아 ○해 보세요.

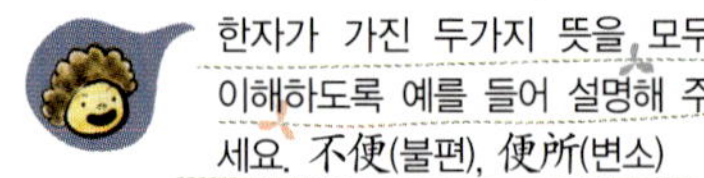

사람이 **편하도록** 바꾸자! 便(편할 편)

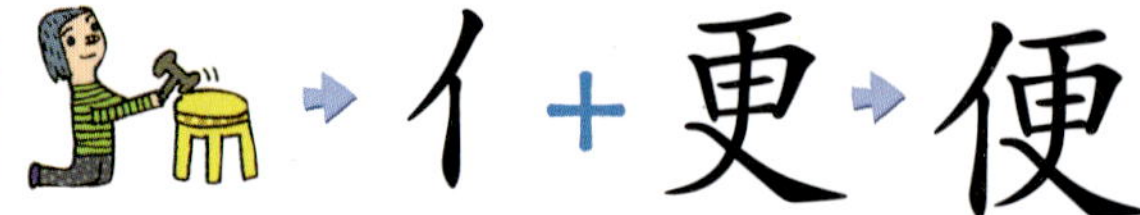

'便'은 사람(人=イ)이 편하도록 바꾼다(更)는 데서 '**편하다**'를 뜻합니다. '**똥·오줌**'을 뜻하기도 합니다.

필순에 따라 쓰며 확실하게 **외워 봐요**

ノ イ イ イ 行 行 佰 便 便

便	便	便	便	便
편할 편	편할 변	편할 편	편할 변	편할 편
便	便	便	便	便
편할 편	편할 변	편할 편	편할 변	편할 편

便
훈 편할 음 편
훈 똥·오줌 음 변
(人(イ)부, 총 9획)

어떻게 쓰일까?

- 서랍에 손잡이가 없어 불**편**합니다.

  便

  *不便(불편) : 편하지 않음

- 온달은 평강 공주의 남**편**이 되었습니다.

  便

  *男便(남편) : 결혼을 하여 여자의 짝이 되는 남자

漢字 퀴즈

단어들에 공통으로 들어 있는 글자에 ○하고, 그 글자에 알맞은 한자와 훈·음을 빈 칸에 써 보세요.

불편   남편   편지

훈·음

紙 이 획을 모두 휘어쓰도록 지도해 주세요.

씨족 사회는 **종이**를 소중히 여긴다! 紙 (종이 지)

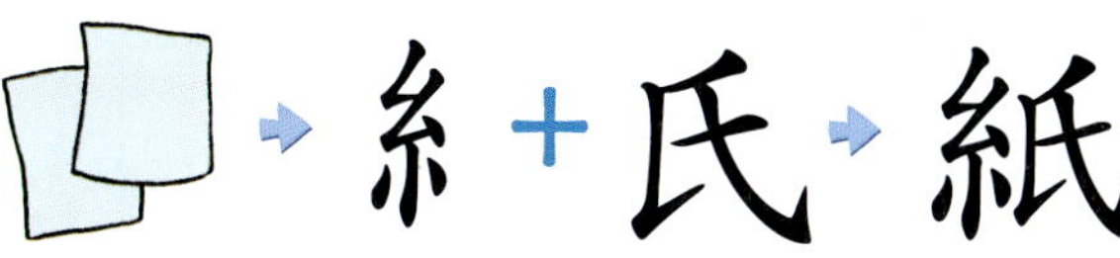
糸 + 氏 ➡ 紙

'紙'는 씨족(氏) 사회는 실(糸)로 짜여진 옷감과 종이를 소중히 여긴다는 데서 '종이'를 뜻합니다.

필순에 따라 쓰며 확실하게 **외워 봐요**

紙

훈 종이 음 지

(糸부, 총 10획)

紙	紙	紙	紙	紙
종이 지	종이 지	종이 지	종이 지	종이 지
紙	紙	紙	紙	紙
종이 지	종이 지	종이 지	종이 지	종이 지

어떻게 쓰일까?

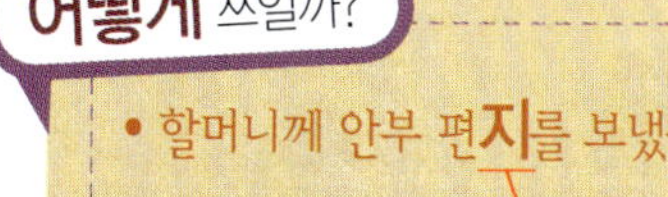

- 할머니께 안부 편**지**를 보냈습니다.

紙

* **便紙**(편지) : 하고 싶은 말을 적어 보내는 글

- 색**지**를 접어 비행기를 만들었습니다.

紙

* **色紙**(색지) : 색종이

漢字 퀴즈

다음 두 한자가 합쳐져서 만들어지는 한자어를 쓰고 독음을 써 보세요.

便 + 紙 = ☐ ☐

독음

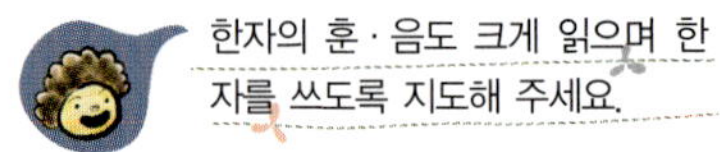

다른 사람의 말을 **기록하자**! 記(기록할 기)

言 + 己 ▶ 記

'記'는 다른 사람의 말(言)을 몸소(己) 기록한다는 데서 '기록하다'를 뜻합니다.

記

훈 기록할 음 기

(言부, 총 10획)

記	記	記	記	記
기록할 기	기록할 기	기록할 기	기록할 기	기록할 기
記	記	記	記	記
기록할 기	기록할 기	기록할 기	기록할 기	기록할 기

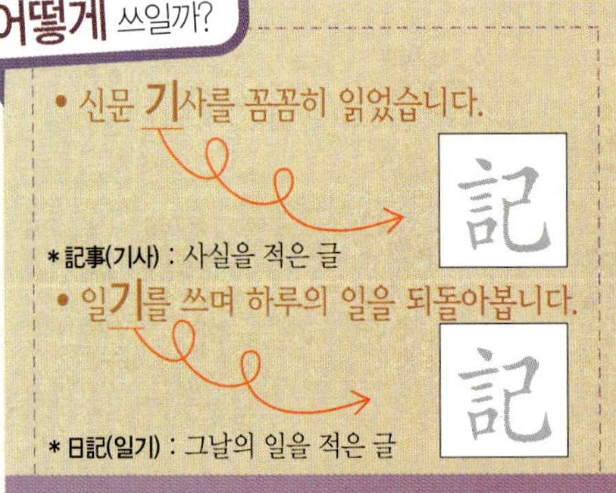

• 신문 **기**사를 꼼꼼히 읽었습니다.
　記
* 記事(기사) : 사실을 적은 글
• 일**기**를 쓰며 하루의 일을 되돌아봅니다.
　記
* 日記(일기) : 그날의 일을 적은 글

'記'의 알맞은 음을 빈 칸에 써 보세요.

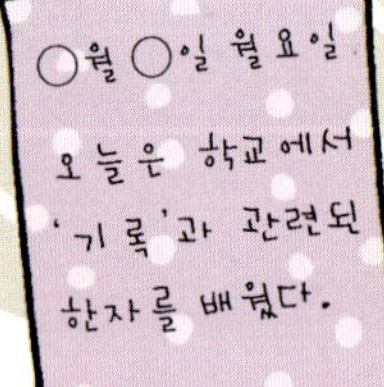

일 ○ 장

훈·음에 알맞은 한자를 찾아 빈 칸에 써 보세요.

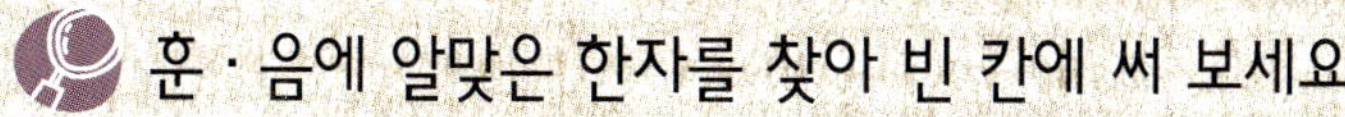

紙 字 便 漢 記

漢, 字, 便, 紙, 記 다시 한번 쓱쓱!

漢 한나라 한	漢 한나라 한			
字 글자 자	字 글자 자			
便 편할 편	便 편할 편			
紙 종이 지	紙 종이 지			
記 기록할 기	記 기록할 기			

확인하기

漢 한나라 한 字 글자 자 便 편할 편/똥·오줌 변 紙 종이 지 記 기록할 기

자원을 이해하면 한자를 더욱 쉽게 외울 수 있습니다.

같은 **성**을 가진 가족! 姓(성 성)

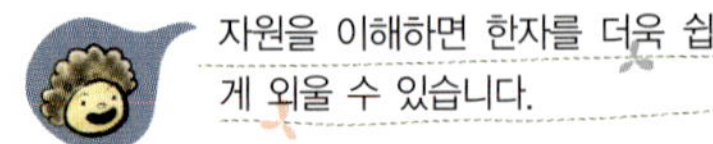

'姓'은 여자(女)가 아이를 낳으면(生) 같은 성을 가진 가족이 된다는 것을 나타낸 글자로, '성'을 뜻합니다.

필순에 따라 쓰며 확실하게 **외워 봐요**

姓
⑧

훈 **성** 음 **성**

(女부, 총 8획)

어떻게 쓰일까?

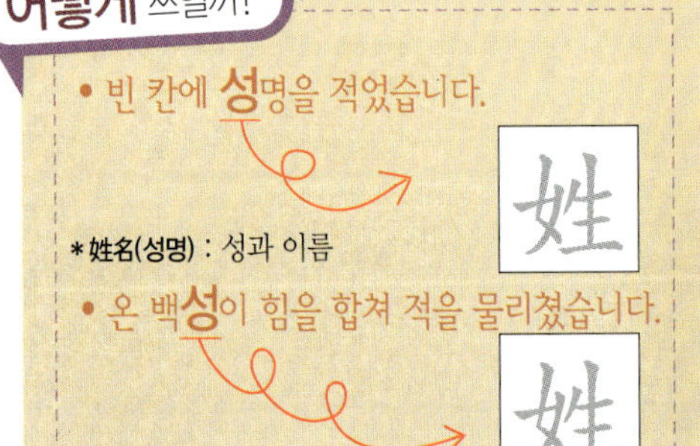

• 빈 칸에 **성**명을 적었습니다.

姓

＊姓名(성명) : 성과 이름

• 온 백**성**이 힘을 합쳐 적을 물리쳤습니다.

姓

＊百姓(백성) : 국민

漢字 퀴즈

한자의 알맞은 훈·음을 빈 칸에 써 보세요.

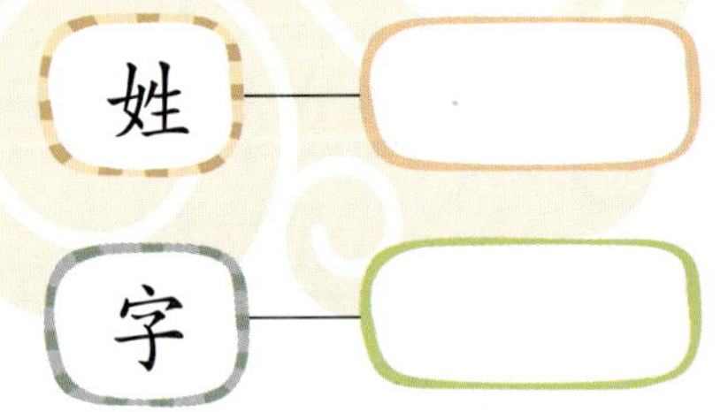

姓

字

01 **02** 03 04 05

'名(이름 명)'을 쓸 때 夕과 口
를 붙여 쓰도록 지도해 주세요.

🌼 이름 불러서 구별하기! 名(이름 명)

夕 + 口 ▶ 名

'名'은 어두운 저녁(夕)에는 입(口)으로 이름을 불러 사람을 구별했던 것을 나타낸 글자로, '이름'을 뜻합니다.

필순에 따라 쓰며 확실하게 **외워 봐요**

ノ ク 夕 夕 名 名

名	名	名	名	名
이름 명	이름 명	이름 명	이름 명	이름 명
名	名	名	名	名
이름 명	이름 명	이름 명	이름 명	이름 명

名
훈 이름 **음** 명
(口부, 총 6획)

어떻게 쓰일까?

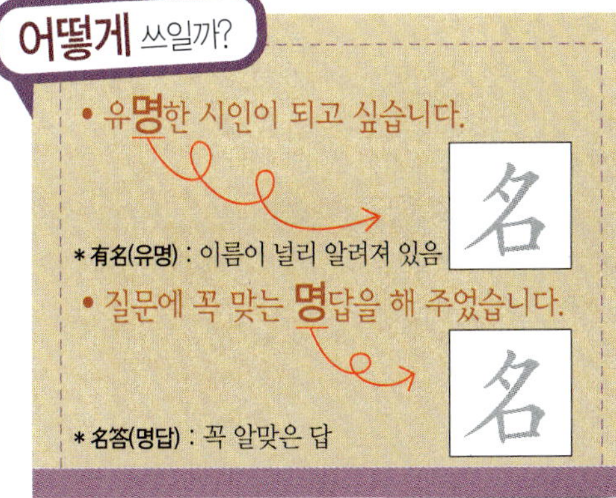

• 유**명**한 시인이 되고 싶습니다.

名

*有名(유명) : 이름이 널리 알려져 있음

• 질문에 꼭 맞는 **명**답을 해 주었습니다.

名

*名答(명답) : 꼭 알맞은 답

漢字 퀴즈

밑줄 친 단어에 알맞은 한자를 빈 칸에 써 보세요.

나의 **성**[　]은 김이고,

이름[　]은 강산입니다.

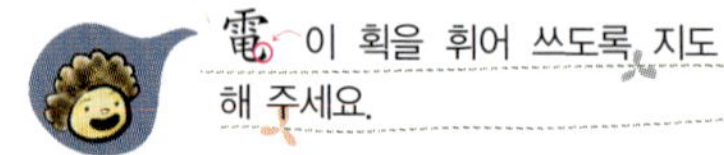

비가 오는 날 **번개**까지! 電(번개 전)

'電'은 비(雨)가 오는 날에 번개(申)가 치는
것을 나타낸 글자로, '번개'를 뜻합니다.

필순에 따라 쓰며 확실하게 **외워 봐요**

一 丆 币 币 币 雨 雨 雨 雷 霄 雷 電

훈 번개 음 전

(雨부, 총 13획)

電	電	電	電	電
번개 전	번개 전	번개 전	번개 전	번개 전
電	電	電	電	電
번개 전	번개 전	번개 전	번개 전	번개 전

어떻게 쓰일까?

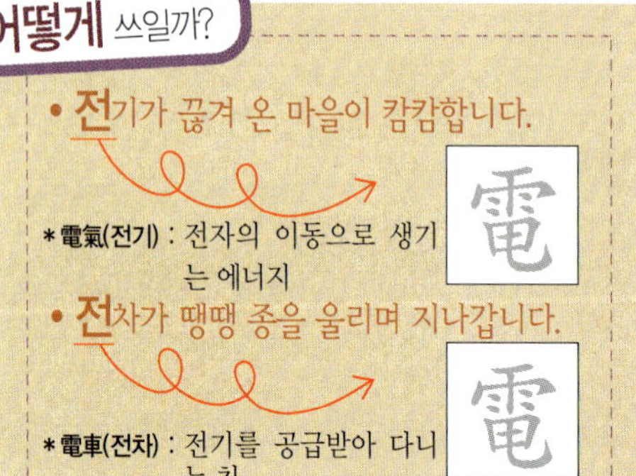

• **전**기가 끊겨 온 마을이 캄캄합니다.

電

＊電氣(전기) : 전자의 이동으로 생기
는 에너지

• **전**차가 땡땡 종을 울리며 지나갑니다.

電

＊電車(전차) : 전기를 공급받아 다니
는 차

漢字 퀴즈

'電'에 알맞은 훈과 음을 찾아 ○해 보세요.

	훈	음
電	전화	전
	번개	진

모양이 비슷한 '語(말씀 어)'를 함께 설명해 주셔서 두 한자의 차이점을 확실히 알 수 있도록 지도해 주세요.

 혀를 굴려 하시는 **말씀**! **話(말씀 화)**

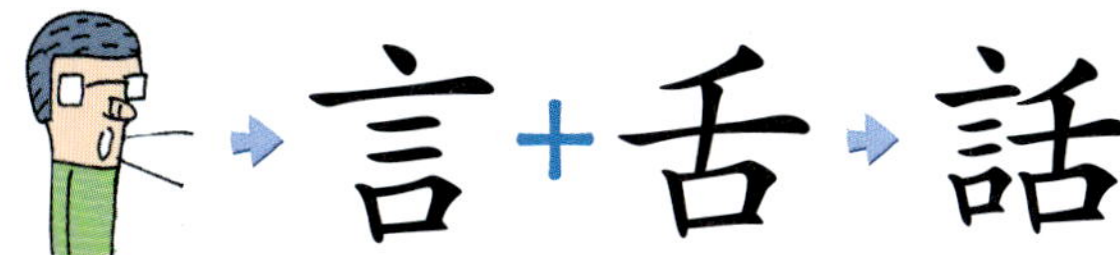

'話'는 혀(舌)로 말(言)을 하는 것을 나타낸 글자로, '말씀'을 뜻합니다.

필순에 따라 쓰며 **확실하게 외워 봐요**

훈 말씀 음 화

(言부, 총 13획)

어떻게 쓰일까?

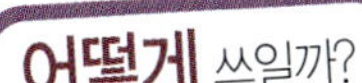

- '어머니' 노래를 수**화**로 불렀습니다.

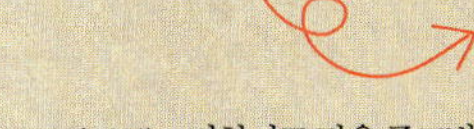 

*手話(수화) : 손으로 하는 대화

- 친구와 전**화**로 약속 시간을 정했습니다.

*電話(전화) : 전화기로 말을 주고받는 것

漢字 퀴스

한자어의 알맞은 음을 빈 칸에 써 보세요.

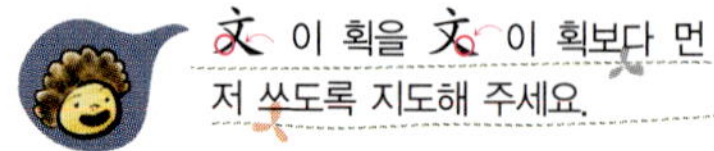

 몸에 그린 **글**! 文(글월 **문**)

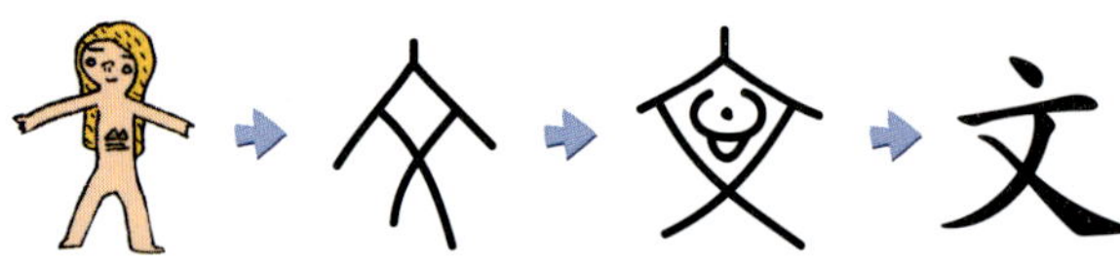

'文'은 몸에 글자나 그림을 그린 모양을 나타낸
글자로, '글월(글)'을 뜻합니다.

필순에 따라 쓰며
확실하게 **외워 봐요**

`、 亠 宁 文`

文
훈 글월 **음** 문
(文부, 총 4획)

文	文	文	文	文
글월 문	글월 문	글월 문	글월 문	글월 문
文	文	文	文	文
글월 문	글월 문	글월 문	글월 문	글월 문

어떻게 쓰일까?

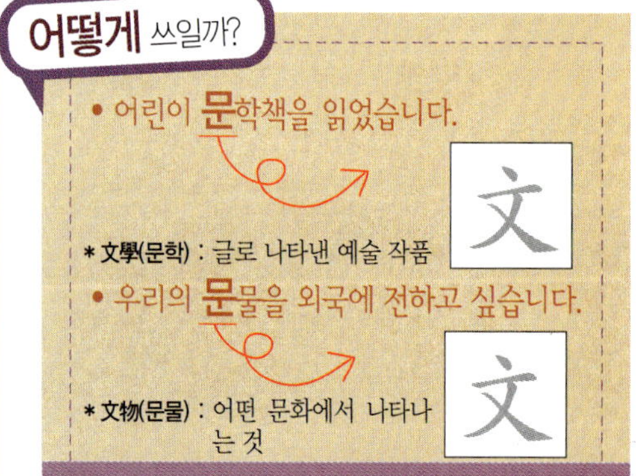

- 어린이 **문**학책을 읽었습니다.

文

* 文學(문학) : 글로 나타낸 예술 작품

- 우리의 **문**물을 외국에 전하고 싶습니다.

文

* 文物(문물) : 어떤 문화에서 나타나
는 것

漢字 퀴즈

한자의 알맞은 음을 찾아 선으로 이어 보세요.

자신의 실력으로만 문제를 풀도
록 해 주시고 모르는 한자는 다
시 확인하도록 해 주세요.

자신 있게 |漢|字|끝|내|가|
01 **02** 03 04 05

화살표를 따라가며 한자의 알맞은 음을 써 보세요.

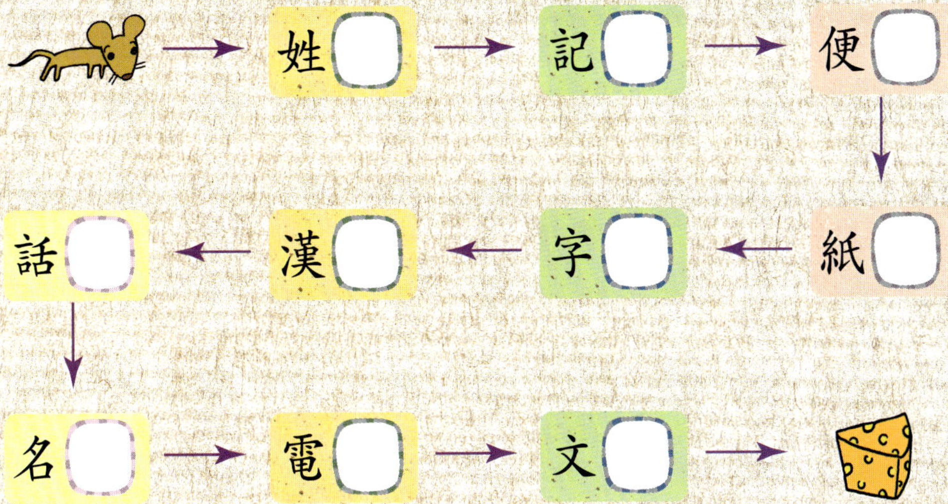

姓[　] → 記[　] → 便[　]

話[　] ← 漢[　] ← 字[　] ← 紙[　]

名[　] → 電[　] → 文[　] →

姓, 名, 電, 話, 文 다시 한번 쓱쓱!

姓	姓				
성 성	성 성				
名	名				
이름 명	이름 명				
電	電				
번개 전	번개 전				
話	話				
말씀 화	말씀 화				
文	文				
글월 문	글월 문				

확인하기
漢한나라 한 字글자 자 便편할 편/똥·오줌 변 紙종이 지 記기록할 기 姓성 성 名이름 명 電번개 전 話말씀 화 文글월 문

끝장내기

한자어를 읽으면서 써 보세요.

漢字(한자) : 중국에서 만들어진 글자

漢字	漢字			
한　자	한　자			

便紙(편지) : 하고 싶은 말을 적어 보내는 글

便紙	便紙			
편　지	편　지			

日記(일기) : 그날의 일을 적은 글

日記	日記			
일　기	일　기			

姓名(성명) : 성과 이름

姓名	姓名			
성　명	성　명			

電話(전화) : 전화기로 말을 주고받는 것

電話	電話			
전　화	전　화			

電氣(전기) : 전자의 이동으로 생기는 에너지

電氣	電氣			
전　기	전　기			

文學(문학) : 글로 나타낸 예술 작품

文學	文學			
문　학	문　학			

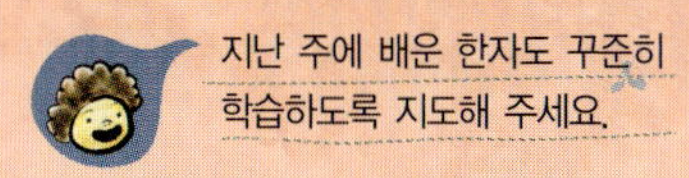

지난 주에 배운 한자도 꾸준히
학습하도록 지도해 주세요.

11주차 되새김 11주차에서 배운 한자를 모두 기억하고 있나요?
문제를 풀며 확인해 보세요.

훈·음에 알맞은 한자를 찾아 빈 칸에 써 보세요.

正 少 每 事 直

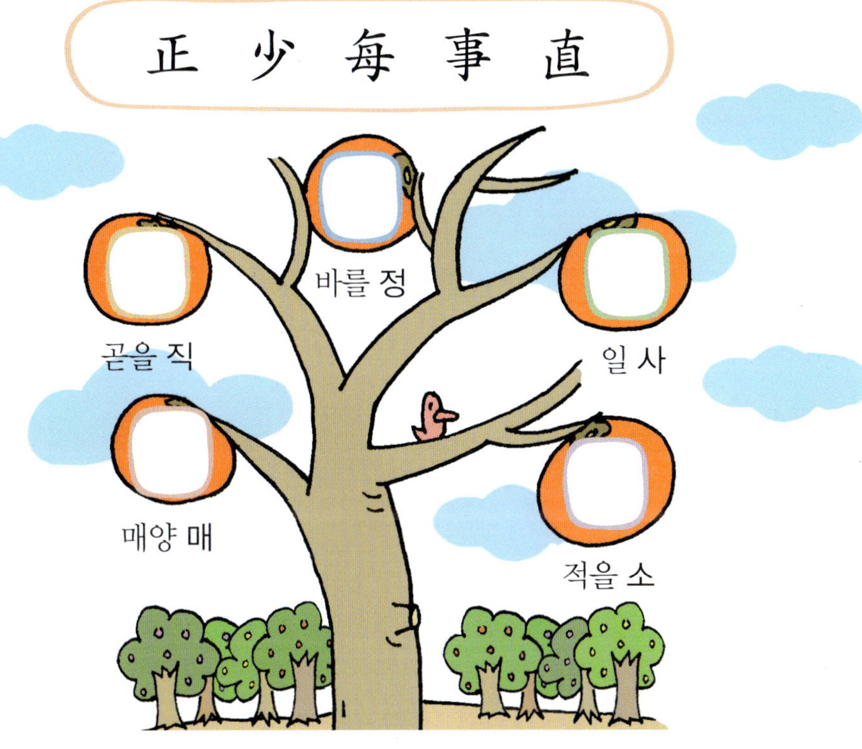

사다리를 타고 내려가 한자의 알맞은 훈·음을 빈 칸에 써 보세요.

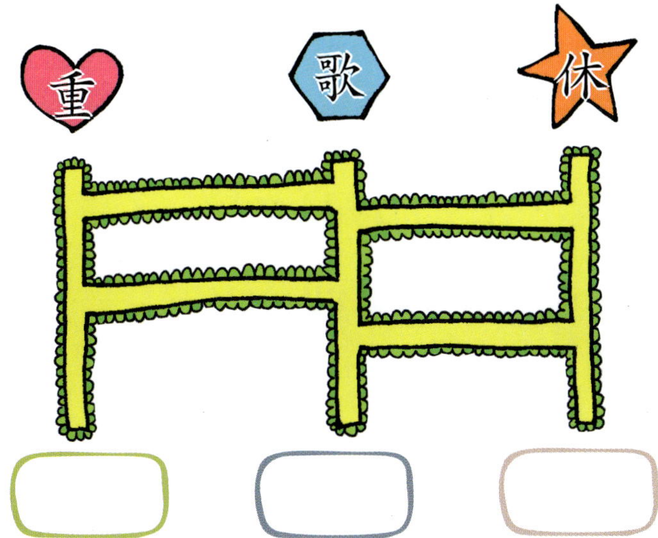

내 것만들기

실제 시험과 같은 유형의 문제입니다. 진짜 시험이라 생각하고 차분한 마음으로 풀도록 지도해 주세요.

1 다음 漢字(한자)의 訓(훈:뜻)과 音(음:소리)를 쓰세요.

> **보기**
>
> 音 ➡ 소리 음

❶ 紙 (　　　　) 　　❷ 名 (　　　　)

❸ 文 (　　　　) 　　❹ 記 (　　　　)

❺ 漢 (　　　　) 　　❻ 字 (　　　　)

❼ 便 (　　　　) 　　❽ 話 (　　　　)

❾ 姓 (　　　　) 　　❿ 電 (　　　　)

2 다음 漢字語(한자어)의 讀音(독음:읽는 소리)을 쓰세요.

> **보기**
>
> 讀音 ➡ 독음

❶ 電話 (　　　　) 　　❷ 便紙 (　　　　)

❸ 漢字 (　　　　) 　　❹ 文學 (　　　　)

❺ 電氣 (　　　　) 　　❻ 姓名 (　　　　)

❼ 日記 (　　　　) 　　❽ 漢文 (　　　　)

❾ 每事 (　　　　) 　　❿ 正直 (　　　　)

3 다음 訓(훈:뜻)과 音(음:소리)에 알맞은 漢字(한자)를 쓰세요.

소리 음 ➡ 音

❶ 성 성　　　（　　　　）　　❷ 글자 자　（　　　　）

❸ 편할 편　（　　　　）　　❹ 종이 지　（　　　　）

❺ 이름 명　（　　　　）　　❻ 말씀 화　（　　　　）

❼ 번개 전　（　　　　）　　❽ 글월 문　（　　　　）

❾ 한나라 한 （　　　　）　　❿ 기록할 기 （　　　　）

4 다음 문장에서 밑줄 친 단어의 漢字語(한자어)를 〈보기〉에서 찾아 그 번호를 쓰세요.

① 漢字　　② 便紙　　③ 姓名　　④ 電話　　⑤ 每事

❶ 내 이름을 <u>한자</u>로 썼습니다.　　　　　　　　（　　　　）

❷ 멀리 사는 친구에게 <u>전화</u>가 왔습니다.　　　（　　　　）

❸ 무슨 일이든 <u>매사</u>에 최선을 다해야 합니다.　（　　　　）

❹ 어버이날 부모님께 감사의 <u>편지</u>를 썼습니다. （　　　　）

❺ 우리 반에 나와 <u>성명</u>이 같은 친구가 있습니다. （　　　　）

5 다음 문장에서 밑줄 친 단어와 같은 뜻을 지닌 漢字(한자)를 〈보기〉에서 찾아 그 번호를 쓰세요.

보기

① 紙　②話　③便　④記　⑤字　⑥電

❶ 부모님의 <u>말씀</u>을 잘 듣습니다.　　　(　　　)

❷ <u>번개</u>가 번쩍이고 천둥이 칩니다.　　(　　　)

❸ 흰 종이에 엄마 얼굴을 그렸습니다.　(　　　)

❹ 우리 언니는 <u>글자</u>를 예쁘게 잘 씁니다.　(　　　)

❺ 개구리가 자라는 과정을 매일 <u>기록</u>합니다.　(　　　)

❻ 오빠는 침대에 <u>편하게</u> 누워 잠이 들었습니다. (　　　)

6 다음 漢字語(한자어)의 뜻을 쓰세요.

❶ 姓名 (　　　　　　　　　)

❷ 電話 (　　　　　　　　　)

❸ 便紙 (　　　　　　　　　)

7

㉠ 姓

㉠ 획의 쓰는 순서를 아래에서 찾아 그 번호를 쓰세요. (　　　)

① 첫 번째　　② 두 번째　　③ 세 번째　　④ 네 번째

한자성어

한자 성어의 뜻을 확실히 알고
쓸 수 있도록 지도해 주세요.

十 中 八 九 (십중팔구)

열 **십**　　가운데 **중**　 여덟 **팔**　　아홉 **구**

'十中八九'는 열〔十〕 가운데〔中〕 여덟〔八〕이나 아홉〔九〕이란 뜻으로, '거의 예외 없이 그러할 것이라는 추측'을 나타낸 말입니다.

十中八九를 써 보세요.

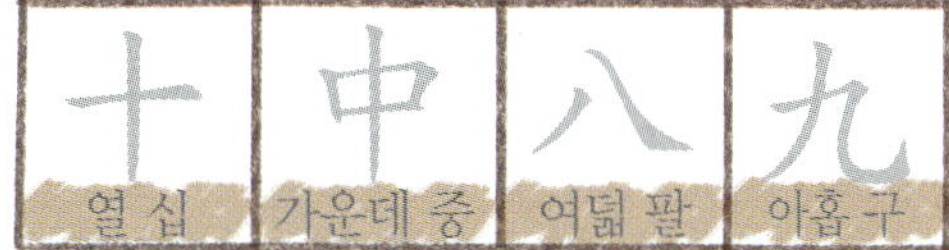

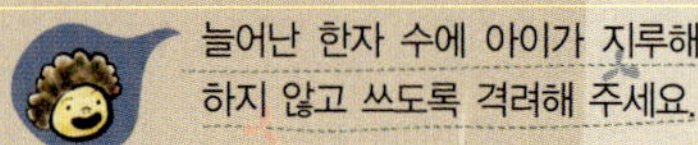

이번 주에 배운 한자를 모두 써 보세요.

漢	漢					
한나라 한	한나라 한					

字	字					
글자 자	글자 자					

便	便					
편할 편/똥오줌 변	편할 편/똥오줌 변					

紙	紙					
종이 지	종이 지					

記	記					
기록할 기	기록할 기					

姓	姓					
성 성	성 성					

名	名					
이름 명	이름 명					

電	電					
번개 전	번개 전					

話	話					
말씀 화	말씀 화					

文	文					
글월 문	글월 문					

정답

7급 9주

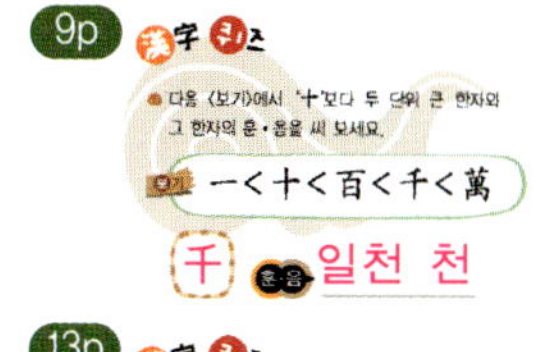

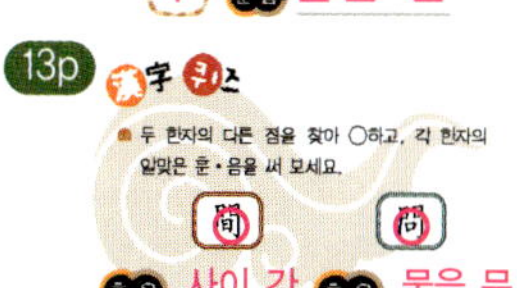
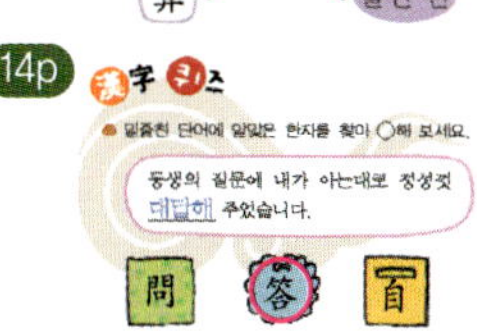
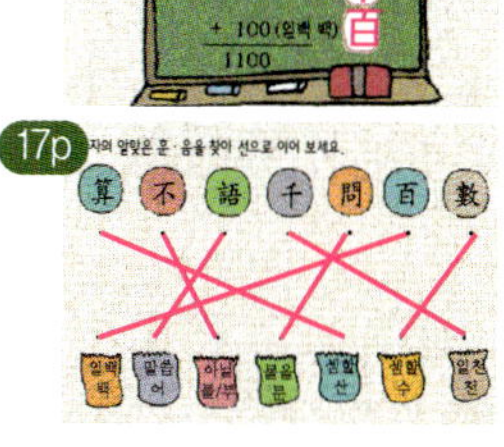

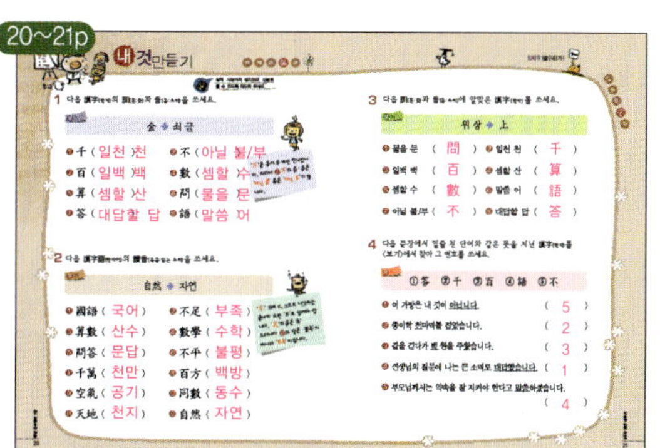
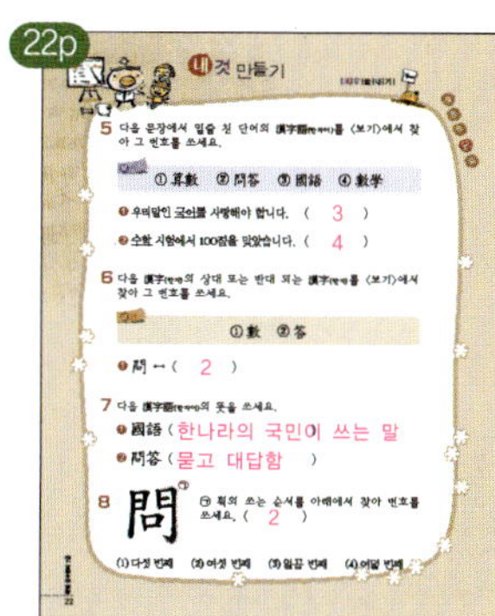

7급 10주

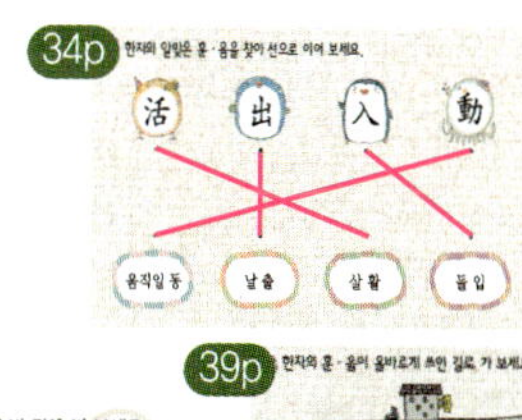

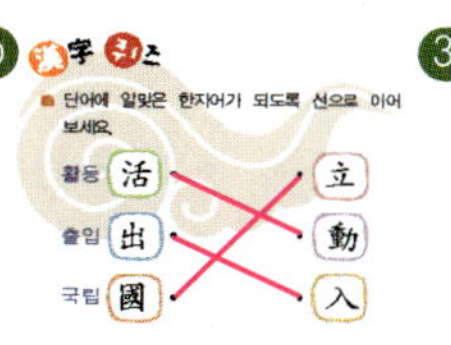
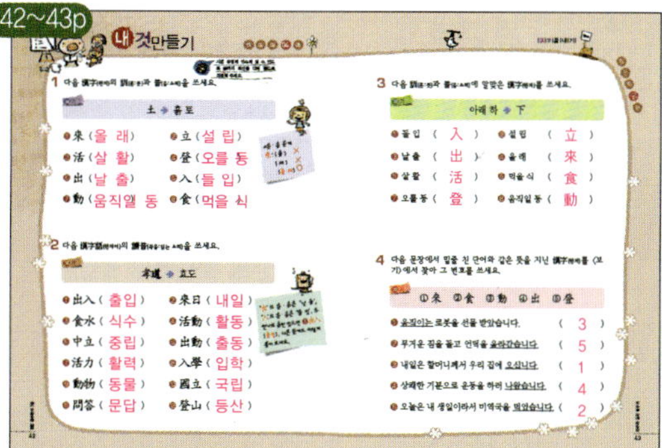
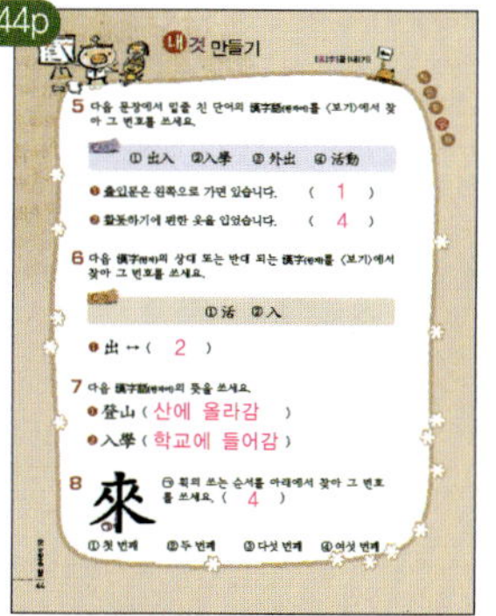

52p 漢字 퀴즈 — 밑줄 친 단어에 알맞은 한자를 써 보세요.

53p 漢字 퀴즈 — '事'와 음이 같은 한자를 찾아 ○해 보세요.

54p 漢字 퀴즈 — '正'의 훈에 알맞은 그림을 찾아 ○하고, 빈 칸에 훈·음을 써 보세요.
正 (훈음) 바를 정

55p 漢字 퀴즈 — '直'의 훈에 알맞은 선을 찾아 ○하고, 빈 칸에 훈·음을 써 보세요.
直 (훈음) 곧을 직

56p 음에 알맞은 한자를 찾아 선으로 이어 보세요.
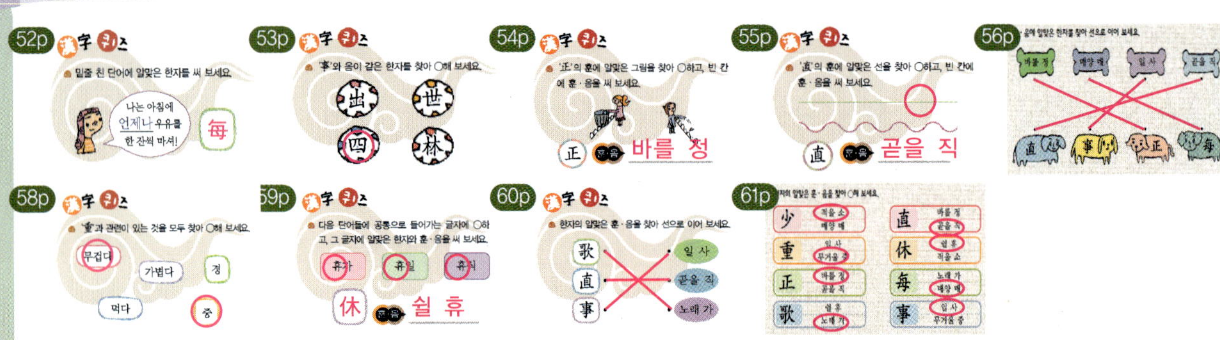

58p 漢字 퀴즈 — '重'과 관련이 있는 것을 모두 찾아 ○해 보세요.
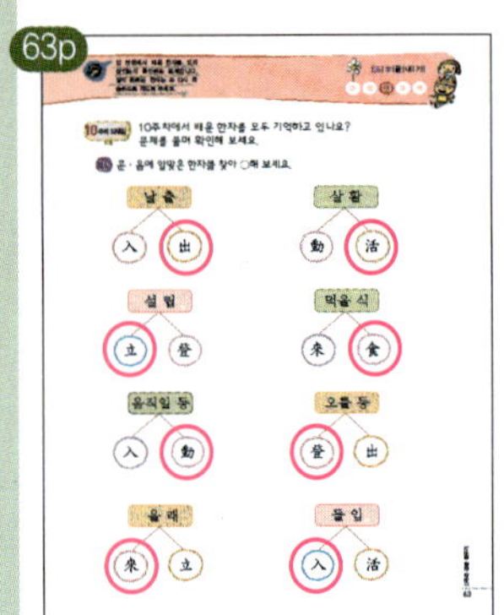

59p 漢字 퀴즈 — 다음 단어들에 공통으로 들어가는 글자에 ○하고, 그 글자에 알맞은 한자의 훈·음을 써 보세요.
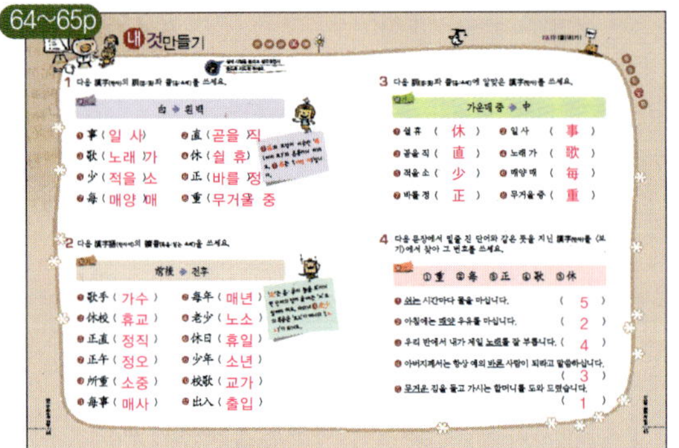

60p 漢字 퀴즈 — 한자의 알맞은 훈·음을 찾아 선으로 이어 보세요.
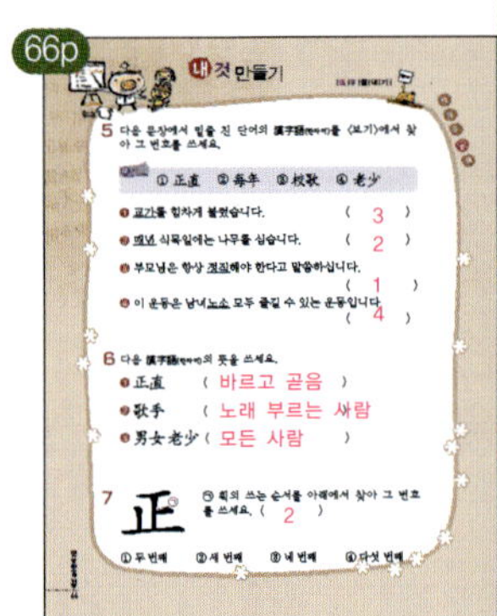

61p 한자의 알맞은 훈·음을 ○해 보세요.

63p
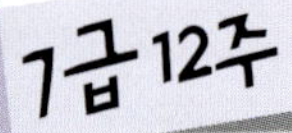

64~65p 내 것 만들기

66p 내 것 만들기

74p 漢字 퀴즈 — 다음 글자들은 훈이 다르고 음이 같은 한자들입니다. 알맞은 음을 빈 칸에 써 보세요.
漢 … 한 … 韓

75p 漢字 퀴즈 — 한자에 알맞은 한자어를 찾아 ○해 보세요.

76p 漢字 퀴즈 — 단어들에 공통으로 들어 있는 글자에 ○하고, 그 글자에 알맞은 한자와 훈·음을 빈 칸에 써 보세요.

77p 漢字 퀴즈 — 다음 두 한자가 합쳐져서 만들어지는 한자어를 쓰고 독음을 써 보세요.
便 + 紙 = 便紙
(독음) 편지

78p 漢字 퀴즈 — '記'의 알맞은 음을 빈 칸에 써 보세요.
일 기 장

79p 훈·음에 알맞은 한자를 찾아 빈 칸에 써 보세요.
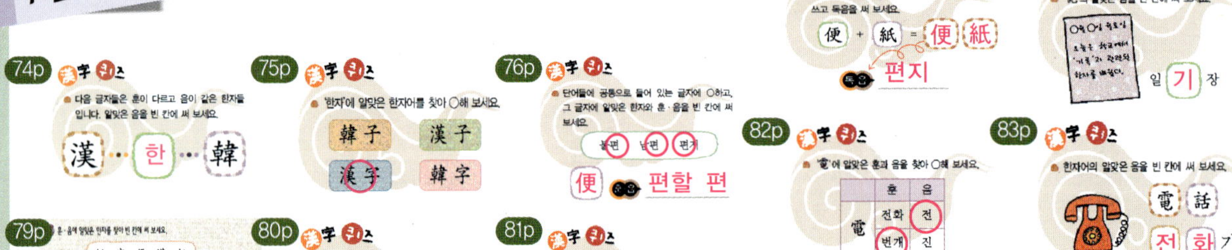

80p 漢字 퀴즈 — 한자의 알맞은 훈·음을 빈 칸에 써 보세요.
姓 성 성
字 글자 자

81p 漢字 퀴즈 — 밑줄 친 단어에 알맞은 한자를 빈 칸에 써 보세요.
나의 성(姓)은 김이고,
이름(名)은 강산입니다.

82p 漢字 퀴즈 — '電'에 알맞은 훈과 음을 찾아 ○해 보세요.
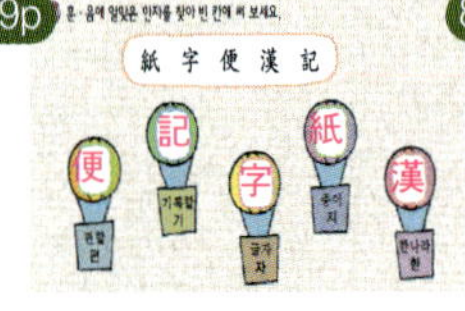 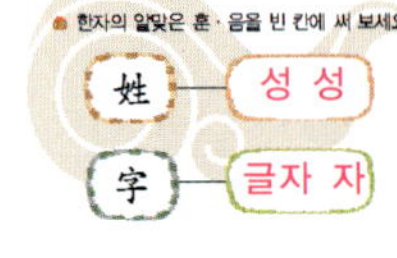 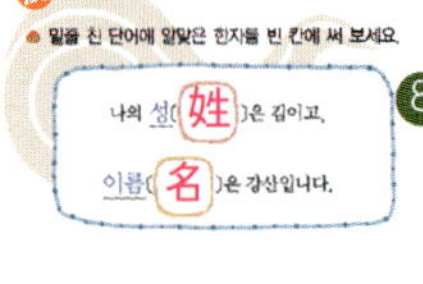

	훈	음
電	전화	전
	번개	진

83p 漢字 퀴즈 — 한자어의 알맞은 음을 빈 칸에 써 보세요.
電話
전 화 기

84p 漢字 퀴즈 — 한자의 알맞은 음을 찾아 선으로 이어 보세요.

85p 화살표를 따라가며 한자에 알맞은 음을 써 보세요.

87p

88~89p 내 것 만들기

90p 내 것 만들기

🏐 한자의 훈과 음을 큰 소리로 읽으며 필순에 맞게 써 보세요.

百 일백 백 (白부, 총 6획)					
千 일천 천 (十부, 총 3획)					
算 셈할 산 (竹부, 총 14획)					

잠깐 확인 한자의 훈·음을 빈 칸에 쓰고 한자어를 읽어 보세요.

百		百姓(백성) 百方(백방)
千		千金(천금) 千萬(천만)
算		算數(산수) 算出(산출)

한자의 훈과 음을 큰 소리로 읽으며 필순에 맞게 써 보세요.

數 셈할 수 (攵(攴)부, 총 15획)					
問 물을 문 (口부, 총 11획)					
答 대답할 답 (竹부, 총 12획)					

잠깐 확인 한자의 훈·음을 빈 칸에 쓰고 한자어를 읽어 보세요.

數		數學(수학) 算數(산수)
問		問答(문답) 問安(문안)
答		答問(답문) 名答(명답)

한자의 훈과 음을 큰 소리로 읽으며 필순에 맞게 써 보세요.

語
말씀 어
(言부, 총 14획)

不
아닐 불/부
(一부, 총 4획)

出
날 출
(凵부, 총 5획)

한자의 훈·음을 빈 칸에 쓰고 한자어를 읽어 보세요.

잠깐 확인

語   國語(국어)   言語(언어)

不   不平(불평)   不便(불편)

出   外出(외출)   出生(출생)

한자의 훈과 음을 큰 소리로 읽으며 필순에 맞게 써 보세요.

入				
들 입 (入부, 총 2획)				
活				
살 활 (水(氵)부, 총 9획)				
動				
움직일 동 (力부, 총 11획)				

잠깐 확인 한자의 훈·음을 빈 칸에 쓰고 한자어를 읽어 보세요.

入	入室(입실)	入學(입학)
活	活動(활동)	活力(활력)
動	出動(출동)	動物(동물)

한자의 훈과 음을 큰 소리로 읽으며 필순에 맞게 써 보세요.

立 설 립 (立부, 총 5획)					
登 오를 등 (癶부, 총 12획)					
來 올 래 (人부, 총 8획)					

한자의 훈·음을 빈 칸에 쓰고 한자어를 읽어 보세요.

立

登

來

王立(왕립)　中立(중립)

登山(등산)　登場(등장)

來日(내일)　來年(내년)

한자의 훈과 음을 큰 소리로 읽으며 필순에 맞게 써 보세요.

食					
먹을 식 (食부, 총 9획)					

每					
매양 매 (毋부, 총 7획)					

事					
일 사 (J 부, 총 8획)					

한자의 훈·음을 빈 칸에 쓰고 한자어를 읽어 보세요.

食		食事(식사)　食水(식수)
每		每年(매년)　每日(매일)
事		事物(사물)　每事(매사)

🏐 한자의 훈과 음을 큰 소리로 읽으며 필순에 맞게 써 보세요.

正 바를 정 (止부, 총 5획)				

直 곧을 직 (目부, 총 8획)				

少 적을 소 (小부, 총 4획)				

잠깐 확인 한자의 훈·음을 빈 칸에 쓰고 한자어를 읽어 보세요.

正		正直(정직)　正午(정오)
直		直線(직선)　直前(직전)
少		少年(소년)　老少(노소)

🐢 한자의 훈과 음을 큰 소리로 읽으며 필순에 맞게 써 보세요.

重				
무거울 중 (里부, 총 9획)				
休				
쉴 휴 (人(亻)부, 총 6획)				
歌				
노래 가 (欠부, 총 14획)				

잠깐 확인 한자의 훈·음을 빈 칸에 쓰고 한자어를 읽어 보세요.

重		所重(소중)　重力(중력)
休		休校(휴교)　休日(휴일)
歌		歌手(가수)　校歌(교가)

🖐 한자의 훈과 음을 큰 소리로 읽으며 필순에 맞게 써 보세요.

漢 한나라 **한** (水(氵)부, 총 14획)					

字 글자 **자** (子부, 총 6획)					

便 편할 **편** 똥·오줌 **변** (人(亻)부, 총 9획)					

  한자의 훈·음을 빈 칸에 쓰고 한자어를 읽어 보세요.

漢		漢江(한강) 漢文(한문)
字		漢字(한자) 千字文(천자문)
便		不便(불편) 男便(남편)

🥬 한자의 훈과 음을 큰 소리로 읽으며 필순에 맞게 써 보세요.

紙				
종이 **지** (糸부, 총 10획)				

記				
기록할 **기** (言부, 총 10획)				

姓				
성 **성** (女부, 총 8획)				

잠깐 확인 한자의 훈·음을 빈 칸에 쓰고 한자어를 읽어 보세요.

紙		色紙(색지)　便紙(편지)
記		記事(기사)　日記(일기)
姓		姓名(성명)　百姓(백성)

한자의 훈과 음을 큰 소리로 읽으며 필순에 맞게 써 보세요.

名 이름 명 (口부, 총 6획)					

電 번개 전 (雨부, 총 13획)					

잠깐 확인 한자의 훈·음을 빈 칸에 쓰고 한자어를 읽어 보세요.

名

有名(유명)   名答(명답)

電

電氣(전기)   電車(전차)

한자의 훈과 음을 큰 소리로 읽으며 필순에 맞게 써 보세요.

話				
말씀 화 (言부, 총 13획)				

文				
글월 문 (文부, 총 4획)				

잠깐 확인 한자의 훈·음을 빈 칸에 쓰고 한자어를 읽어 보세요.

話		手話(수화)　電話(전화)
文		文物(문물)　文學(문학)

한자어를 큰 소리로 읽으며 써 보세요.

| 百方 | 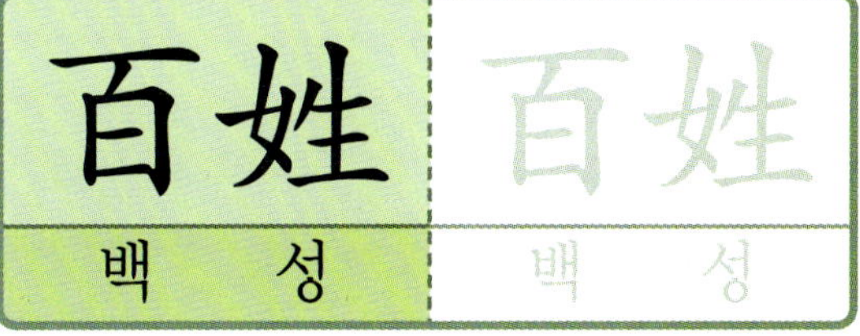 百姓 |
| 백 방 | 백 성 |

| 千金 | 算數 |
| 천 금 | 산 수 |

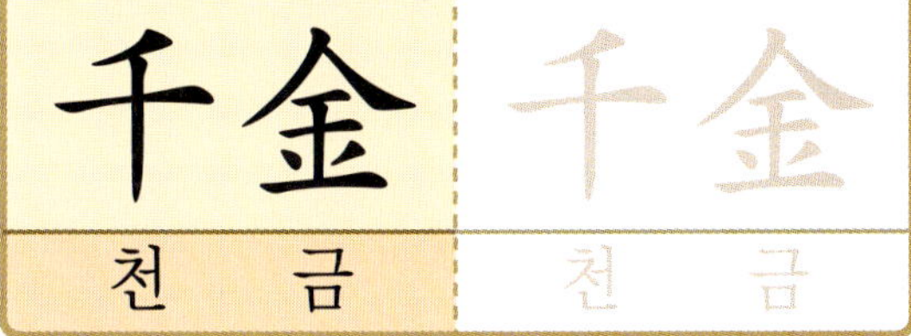 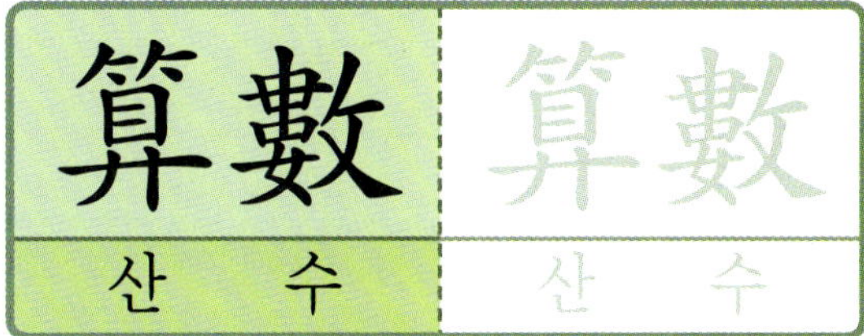

| 算出 | 數學 |
| 산 출 | 수 학 |

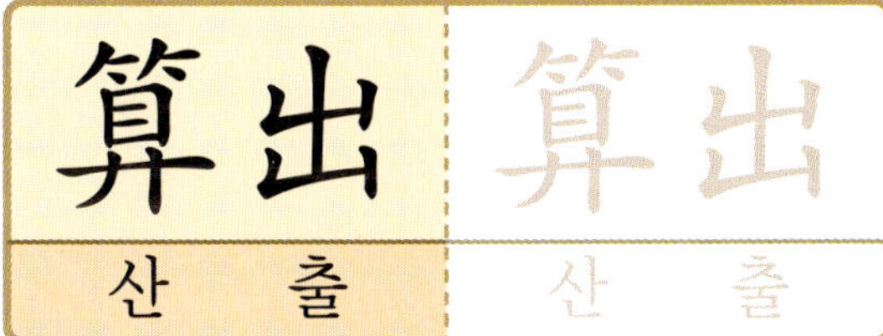 

| 名答 | 國語 |
| 명 답 | 국 어 |

| 問答 | 問安 |
| 문 답 | 문 안 |

 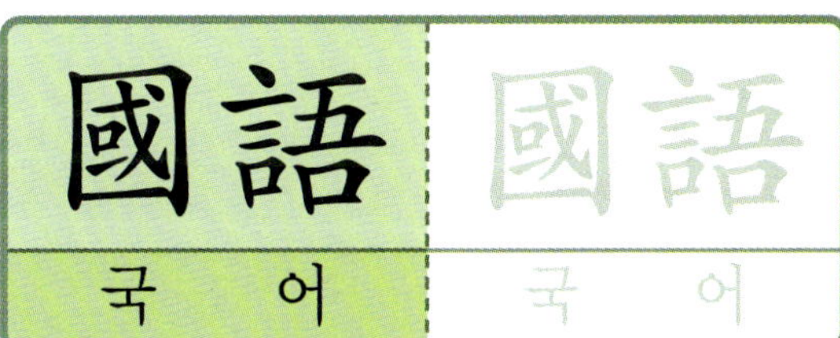

| 活力 | 出動 |
| 활 력 | 출 동 |

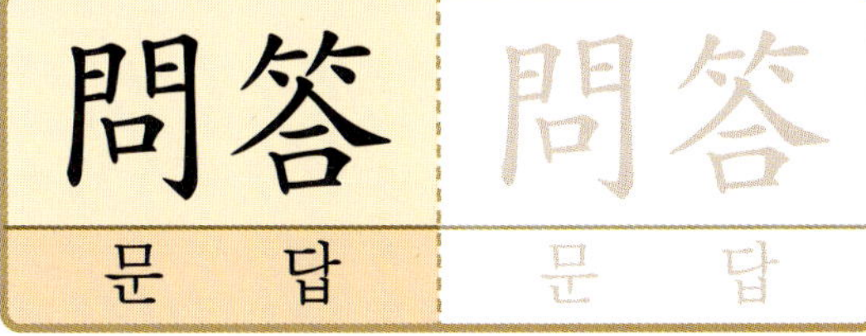 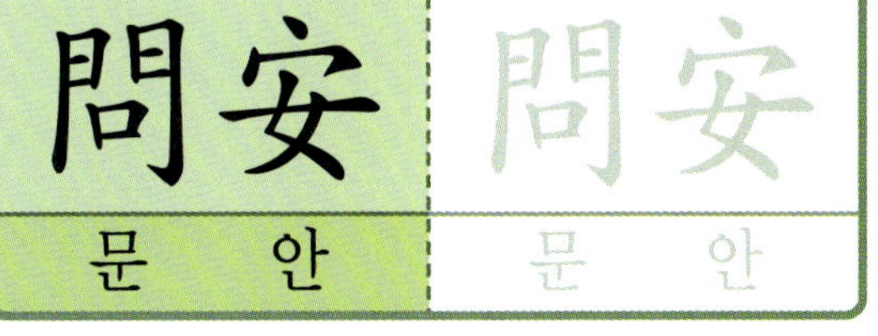

한자어를 큰 소리로 읽으며 써 보세요.

不便	不便
불 편	불 편

外出	外出
외 출	외 출

食事	食事
식 사	식 사

食水	食水
식 수	식 수

登場	登場
등 장	등 장

來日	來日
내 일	내 일

入室	入室
입 실	입 실

活動	活動
활 동	활 동

王立	王立
왕 립	왕 립

登山	登山
등 산	등 산

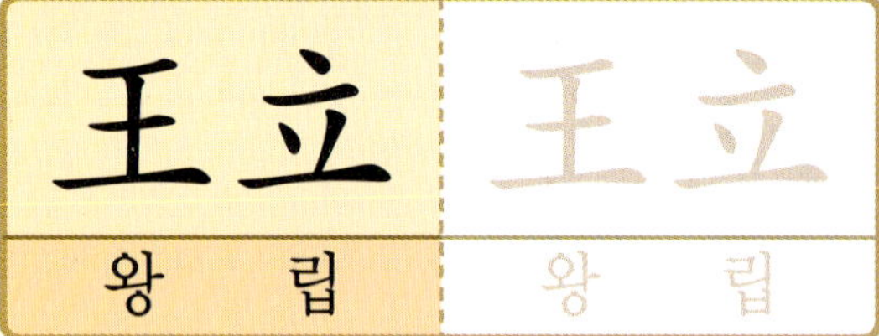

每年	每年
매 년	매 년

正直	正直
정 직	정 직

한자어를 큰 소리로 읽으며 써 보세요.

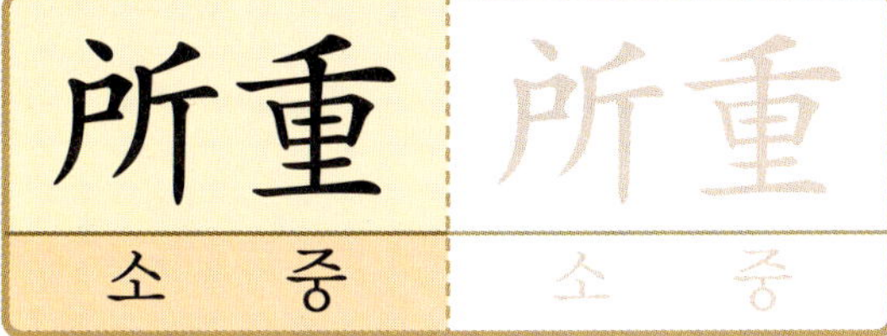

休校　休校
휴 교　휴 교

文學　文學
문 학　문 학

日記　日記
일 기　일 기

電話　電話
전 화　전 화

歌	家	間	江	車
노래 가	집 가	사이 간	강 강	수레 거차
空	工	口	旗	記
빌 공	장인 공	입 구	기 기	기록할 기
氣	男	內	農	答
기운 기	사내 남	안 내	농사 농	대답할 답
道	冬	同	洞	動
길 도	겨울 동	한가지 동	고을 동	움직일 동
登	來	力	老	里
오를 등	올 래	힘 력	늙을 로	마을 리

林	立	每	面	名
수풀 **림**	설 **립**	매양 **매**	낯 **면**	이름 **명**
命	文	問	物	方
목숨 **명**	글월 **문**	물을 **문**	물건 **물**	모 **방**
百	夫	不	事	算
일백 **백**	지아비 **부**	아닐 **불/부**	일 **사**	셈할 **산**
上	色	夕	姓	世
위 **상**	빛 **색**	저녁 **석**	성 **성**	인간/세상 **세**
少	所	手	數	市
적을 **소**	바/곳 **소**	손 **수**	셈할 **수**	저자 **시**

時	食	植	心	安
때 시	먹을 식	심을 식	마음 심	편안 안
語	然	午	右	有
말씀 어	그럴 연	낮 오	오른 우	있을 유
育	邑	入	子	字
기를 육	고을 읍	들 입	아들 자	글자 자
自	場	前	電	全
스스로 자	마당 장	앞 전	번개 전	온전 전
正	祖	足	左	主
바를 정	할아비 조	발 족	왼 좌	주인 주